北京市哲学社会科学规划办公室
北京市教育委员会
资助出版

中国外交与北京对外交流研究报告
2014

北京对外交流与外事管理研究基地　编

世界知识出版社

目　录

第一部分　中国外交和对外关系

第一章　全球治理失灵与秩序理念的重建

秦亚青*

冷战结束以来，世界发生了重大的变化。冷战时期那种两极对抗的体系特征消失了，同时，世界作为一个整体也似乎失去了明确的目标和方向。全球性问题不断涌现，内战、恐怖主义、经济危机、金融失控、自然灾害、气候变化、流行疾病，等等不一。①国际社会似乎在努力解决这些问题，提出了一个又一个的方案，但是成效甚微。跨国威胁和全球性问题都没有得到根本的解决，有些甚至越来越严重。

---

* 秦亚青，外交学院院长、教授、博士生导师。本文中文版原载于《世界经济与政治》2013年第4期，第4—18页，英文版对原中文版的内容作了删减和调整。

① 参见 Bruce Jones, Carols Pascual, and Stephen John Stedman, *Power and Responsibility: Building International Order in an Era of Transnational Threats*, Washington, D. C.: Brookings Institution Press, 2009.

为什么全球性问题得不到解决？常常听到的回答是失败市场（market failure）、失败政府（failed governments）、失败国家（failed states）等。经济出现问题，被解读成市场失灵，也就是失败市场；国家出现内乱，被解读为政府失灵或是国家失灵，也就是失败政府或是失败国家。实际上，世界不断涌现的全球性问题，远非任何一个国家、一家政府、一种市场的失败能够解释清楚。失败市场、失败政府、失败国家的问题可能存在，但是，在全球层面上，我们首先需要考虑的可能更是“失败世界”的问题。[①]从整体主义观点看，市场、政府、国家都是局部因素和单位层面，如果全球层面出现问题，就需要首先在全球层面上考虑原因。本文提出全球治理失灵（global governance failure）的观点，强调治理在全球层面失去效力。如果仅仅孤立地应对一个又一个的具体问题，仅仅思考如何解决失败市场、政府、国家的问题，在今后相当长的一段时间，世界仍然会在无目标的混沌中彷徨，甚至会回到大国争霸和对抗状态，稳定和可持续的世界秩序也很难得以建立。

一、全球治理失灵

全球治理失灵指国际规则体系不能有效管理全球事务，不能

---

① 关于“失败世界”的概念，参见赵汀阳：《天下体系：世界制度哲学导论》，南京：江苏教育出版社 2005 年版。

应对全球性挑战，致使全球问题不断产生和积累，出现世界秩序失调的状态。冷战结束开启了一个新的时期，相互依存加深、全球化迅速发展、跨国威胁凸显、国际行为体多元化等都是这个新时期的重要特征。但是，对于这样一个新的世界，国际管理体系及其相应的制度安排却是严重滞后，规则背后的支撑理念也没有根本性演进。用治理国家间关系的思想理念、秩序原则和制度安排来治理全球性的国际社会，就会表现出面对挑战无能为力的局面。简言之，世界迅速变化，但制度安排和秩序理念严重滞后，这是全球治理失灵的基本原因。

（一）世界的变化

冷战之后的世界发生了深刻的变化，三种变化尤其需要关注，即权力分布、安全威胁性质、日益加深的相互依存和复杂关系。首先，权力分布呈现由集中到流散的态势。[①]在传统国际关系中，权力是相对集中的。冷战时期两极格局的权力主要集中在美国和苏联两个超级大国手中。冷战之后，国际体系中的权力日益呈现流散现象，主要的流散趋向有两个，第一个是从原有大国向新兴大国流散。冷战后国际权力格局呈一超多强态势，现在这种基本格局虽未发生根本性的转折，但美国在全球权力分布中的份额比之以前明显

① 参见 Susan Strange, *The Retreat of the State: The Diffusion of Power in the World Economy*, Cambridge: Cambridge University Press, 1996.

缩小，管理世界事务的影响力明显不足。同时，世界上发展中新兴经济体却在群体崛起，最有代表性的就是巴西、俄罗斯、印度、中国和南非等金砖国家。从某种意义上讲，未来世界秩序取决于原有大国和新兴大国之间的互动关系。如果两者之间的基本关系态势是合作，世界秩序的前景就会充满希望；反之则会出现动荡失序的局面。第二个权力流散的趋向是由民族国家流向市民社会。国际市民社会的迅速兴起，非政府组织的数量和影响力大大增长，在世界事务中的作用越来越明显。它们组成跨国倡议网络，设定世界事务的诸多议事日程，传播国际规范，影响各国民意和政治进程。[①]信息革命以及其他新技术的发展使国际市民社会有了发挥作用的更大空间。这是自 1648 年威斯特伐利亚体系建立以来从来没有过的事情，但却实实在在地影响到世界政治，影响到国家的行动和国与国之间的关系。

其次是安全威胁性质发生了重要的变化。冷战之前，安全威胁主要涉及国家，是国家制造、国家认知、国家应对的威胁，是国家对国家的威胁，也就是现在称之为传统安全威胁的概念。这种威胁以占领其他国家领土和消灭对方国家为基本目的，以军事实力为主要手段，以战争为最高形式。在国际体系层面，则表现为主要国家之间的战争，尤其表现为霸权国家与挑战国家之间的战争。[②]冷战结

---

① Margaret E. Keck and Kathryn Sikkink, *Activists beyond Borders: Advocacy Networks in International Politics*, Ithaca: Cornell University Press, 1998.

② A. F. K. Organski and Jacek Kugler, *The War Lesger*, Chicago: University of Chicago Press, 1980; Robert Gilpin, *War and Change in World Politics*, Cambridge: Cambridge University Press, 1981; John Mearsheimer, *The Tragedy of Great Power Politics*, New York: W. W. Norton, 2001.

束之后，传统安全威胁依然存在，在一些地区甚至十分严重，但国家间战争频率明显减少，在国际体系的整体层面战争的可能性减弱。同时，非传统安全威胁则明显加强，呈现出两种安全威胁并存的态势。非传统安全不是由某个国家制造，不是被某一国家认知，也不能由一个国家应对。非传统安全不是国家之间的相互安全威胁，而是国家群体乃至整个人类共同面对的威胁。这已经不是一个国家思考如何应对另外一个国家的安全威胁问题了，而是国家群体思考如何合力应对共同的安全威胁问题，是大家如何共同维护和改善全球公地的问题。无论一个国家多么强大，单凭自己的实力都无法化解和应对面临的安全威胁，美国的反恐战争就是一个很好的例证。

最后，相互依存深入发展，导致了错综复杂的国际关系。冷战时期的国际关系不能说不复杂，但大的阵营是清楚的。冷战之后，相互依存在经济领域首先得以扩展和深化，两个经济集团的壁垒完全打破，几乎所有经济体都成为世界经济秩序的组成部分，经济体之间、经济体与世界经济体系之间都产生了高度的相互依存态势。与之并行发展的是经济全球化。经济疆界的消除产生了真正的全球经济，每个经济体都是这个大经济的一个部分，每个部分的发展和危机都会影响到其他经济体和全球经济体系，重要经济体尤其如此。现在的相互依存是全球化条件下的相互依存，是一荣俱荣、一损俱损条件下的相互依存。所以说，这种相互依存在一些重要方面改变了国际关系的内涵和性质，也导致了高度错综复杂的国际关系。冷战时期的敌友阵营变得模糊起来，利益性结盟不断出现，某一问题领域的同盟在另一个领域则可能就是对手。比如，中国和印度比较容易在气候变化等问题上形成一致意见，而在传统安全领域则会出现竞争。进而，不同文化、不同体制的经济体之间出现了高度的相互依存状态，并且，这种相互依存会产生外溢效应，向其他领域延伸，共同安全的概念在某种程度上可以被理解为安全相互依存的一种形态和反映。

（二）治理规则的滞后

全球治理需要根据这些重要的变化，有效应对新问题和新挑战。如果治理思路陷入已有的、被认为是成功的治理模式及其背后的治理理念之中，[①]就无法解决当今面对的重大问题，结果只能导致治理赤字，使得正在经历重大变化的世界因治理失灵而成为失败世界。现在世界出现了“规则滞后”的现象，也就是说，全球性治理理念、原则和方式不能适应全球化的迅速发展和全球性问题的大量涌现，规则的供应在质量上和数量上落后于实际的需求。全球治理主要是依照现有的规则体系进行的，规则是社会不可或缺的东西，没有规则就没有治理。规则作为治理的重要保障是毋庸置疑的，问

---

① 罗伯特·杰维斯谈到一个十分重要的认知错误，就是过去的成功经验导致后来的认知错误：环境变了，但仍然依照过去成功的经验来应对变化了的环境，结果导致失败。参见罗伯特·杰维斯：《国际政治中的知觉与错误知觉》（秦亚青译），北京：世界知识出版社2003年版。

题是现行规则为什么没有解决世界面临的挑战。可以说，“规则滞后”是治理失灵的基本原因。

第一，规则滞后于世界权力结构的变化。如上文所指出的，冷战后世界发生了两种重要的权力流散趋向：从美苏两个超级大国向新兴国家流散以及从国际向市民社会流散。这两种流散表现了国际体系权力结构的变化和转型。冷战期间存在两种相互对立、相互竞争的规则，一种是美国主导的，主要在西方实施；另一种是苏联主导的，主要在苏联势力范围内实施。两种规则都是以实力为支撑、以超级大国为核心的。苏联解体之后，苏联主导的一套规则体系也随之解体，国际体系和国际社会实施的主要是美国主导的规则体系。冷战之后 30 年，一个新的全球性现象出现了，这就是新兴经济体的群体崛起。以金砖国家为代表的新兴经济体的迅速发展，使得国际体系中权力分布状态发生了变化。国际体系规则要继续发挥有效的作用，就需要反映这种权力的发展趋势。金砖国家随着自身实力的增长，已经也必然更多地参与国际事务，在世界舞台上发挥日益重大的作用。同时，这些国家也会将自身的文化和理念带入国际社会，影响国际规则的改革和创新。如果原有大国和新兴大国能够携手维护和发展世界秩序，有效的良性治理就可能实现；反之，如果将新兴大国视为国际体系的挑战者，历史上大国政治的悲剧则可能重演。所以，对于全球治理而言，原有大国和新兴大国之间的互动关系至关重要，规则体系、规范体系的改革与创新如果能够真正融合这两种重要力量，世界才会进入有序健康的秩序状态。

第二，规则滞后于安全性质的变化。现行国际规则设计和制定的依据是部分而不是整体，大部分国际制度和规则是在以国家为唯一主导行为体的国际体系下设计和建立的。国家在当时的世界政治舞台上占据无可争议的中心地位，当时的规则设计反映的自然是这个事实。换言之，现行的规则基本上是以管理国家与国家之间互动为目的的制度设计。自从 1648 年欧洲国际体系建立以来，国际政治的重心是国家之间的互动，尤其是国家与国家之间的安全威胁，因为这种威胁的最高形式是战争，大国之间的问题就是世界性战争或曰体系战争。拿破仑战争、第一次世界大战、第二次世界大战无一不是如此。冷战虽然集中在两个超级大国之间，但国际关系的基本性质没有发生变化，国家之间的安全威胁几乎占据了安全认知和安全讨论的全部空间。美苏之间一系列的战略武器协议主要是针对它们之间的相互威胁而签订的。冷战后世界发生了历史性变化，其中一个至关重要的变化就是非传统安全的涌现，不仅与传统安全并存，而且时而显得更为严重。这不是一个国家对另外一个国家的威胁，而是国家群体面临的威胁，是人类面临的共同威胁。如果管理制度和规则从原本上是为了管理国家间威胁，那么对于这种新的威胁形态显然会应对乏力，全球性治理失灵也就是在所难免的事情。

第三，规则滞后于相互依存态势的深化。世界已经处于全球性依存状态，经济的相互依存尤为明显。2008 年起始于美国的金融危机影响到欧洲、亚洲以及世界其他地方的经济。欧元区债务危机使得中国出口下降，欧盟是中国第一大贸易伙伴，欧盟的问题立即转化为中国的问题。相互依存不是冷战以后才有的事情，但是，全球性相互依存确实是冷战之后出现的新的现象，明显标志就是新兴经济体全面加入了世界经济体系，并成为世界经济引擎的重要推动力。一方面，主要发达国家和发展中大国之间的相互依存达到了历史上从未有过的高度；另一方面，两者之间在经济结构和行为方式上都是既有相同也有不同的地方。以发达国家为依据、为发达国家设计的国际规则，由于新的重要行为体的加入，在治理方面表现出明显的不充分性。1997—1998 年东亚发生经济危机，国际货币基金组织无法提出妥善的解决方案，致使东亚国家采取了自救的方式，东盟+中日韩（“10+3”）机制才应运而生。多哈回合长时间陷入僵局，世界贸易组织无力推进，一个直接的结果就是双边和小多边自由贸易区的迅速发展。这些例子说明，当国际规则无法充分实施治理功能，国家只能绕过全球性规则而进行小范围的合作，所表现出来的恰恰是全球治理规则的低效度和不充分性。地区甚至双边的治理安排如此活跃，恰恰表明了治理在全球层面的失灵。

（三）治理理念的滞后

规则滞后是人们意识到的事情，这才出现了对现有规则体系的改革倡议和改革方案。不过，改革迄今并没有重大进展，一方面是利益使然，但在深层面上存在治理理念滞后这一更加严重的问题。如果世界正在发生深刻的变化，新兴力量正在强劲地进入世界体系，而治理世界的理念却仍然停留在旧的时代之中，规则的改革和与时俱进就难以做到，治理失灵也就难以避免。

现在的治理理念是与现代性思维相关的，其中三种尤为明显：一元主义治理观、工具理性和二元对立思维方式。一元主义治理观是认识基础，强调全球治理只能有一种基本的或是正确的方式，这就是规则治理。国际关系学界的治理研究议程可以追溯到 20 世纪 80 年代初对于国际机制的研究。斯蒂芬·克拉斯纳（Stephen Krasner）对国际机制的经典定义包含了原则、规范、规则和决策。进而，他还对规则做出了明确的定义，即“对于可为或是不可为行动的具体规定”。[①]在这一研究议程中，由于新自由制度主义的重大影响，规则治理的相关讨论也尤其突出，基本观点是由规则管理世界，以此促成行为体之间在无政府条件下的合作。[②]冷战后兴起的全球治理研究主要是沿袭了国际机制研究议程，重点也是放在国际规则上面。[③]其中，正式的规则被视为尤其重要，是秩序的基本保障。由此，因之产生的政策建议自然是如何维护、加强和更有效地执行规则。这一研究议程对后来的全球治理研究产生了最直接和最重大的影响，甚至对于其他学派也产生了重要的影响。比如，规则形成与

---

① Stephen Krasner, ed., *International Regimes*, Ithaca: Cornell University Press, 1983, p. 2.

② Robert O. Keohan, *After Hegemony: Cooperation and Discord in World Politics*, Princeton: Princeton University Press, 1984; Bruce Jones, *Carols Pascual and John Stedman*, *Power and Responsibility: Building International Order in an Era of Transnational Threat*, 2009.

③ Friedrich V. Kratochwil, *Rules, Norms, and Decisions: On the Conditions of Practical and Legal Reasoning in International Relations and Domestic Affairs*, Cambridge: Cambridge University Press, 1989.

规范形成一样，已经成为建构主义全球治理研究议程上的重要课题。①

规则治理因之成为全球治理研究中的主导话语。全球治理被理所当然地定义为以规则为基础的管控（rule-based rule）。詹姆斯·罗西瑙（James N. Rosenau）将全球治理定义为多层次——从家庭一直到国际层面——的人类活动管控体系，在这样一种管控体系中，通过实施产生跨国影响的控制达到治理目标。② 无论是在地区层面还是在全球层面，有效规则成为有效治理的充要条件。这不仅仅是西方主流国际关系理论研究界对全球治理的基本理解，也是西方政策和战略界的重要共识。所以，全球治理研究的问题首先就是在规则这个思维框架中形成的，规则成为全球治理的唯一机制。这样一来，其他治理方式都有意无意地被压抑，基于西方现代化过程的治理实践所形成的治理理念也就成为唯一正确的治理模式，任何多元主义的治理思维都可以被忽视。当非西方国家开始成为全球治理重要力量的时候，这种一元主义的治理话语自然会受到挑战。

工具理性是规则治理的基本理念支撑。工具理性的基本内涵是将个体行为视为理性人，可以根据自己的利益，计算成本效益，并据此采取行动。制度现实主义往往认为，规则可以发挥作用是因为在权力已定的情况下，服从规则可以使行为体得到实际利益。罗伯

---

① Michael Barnett and Martha Finnemore, *Rules for the World: International Organizations in World Politics*, Ithaca: Cornell University Press, 2004; Deborah D. Avant, Martha Finnemore, and Susan Sell, *Who Governs the Globe*? Cambridge: Cambridge University Press, 2010.

② James N. Rosenau and Ernst-Otto Czempiel, eds., *Governance without Government: Order and Change in World Politics*, Cambridge: Cambridge University Press, 1992.

特·基欧汉（Robert O. Keohane）更是在理性主义框架中提出了一个系统的制度需求理论。他没有否认二战之后的国际规则体系主要是美国霸权的产物，但也认为，规则之所以有效用，是因为国际行为体需要规则，因为规则使它们实现自身利益。规则有助于加强信息透明度、降低不确定性和交易成本、促成国际合作。而合作给双方带来收益，尤其是绝对收益。①国家出于自身需求、为了获取自身利益，势必维持和遵守规则，这是行为体理性使然。②后来的全球治理研究在理论上依然遵循这一新自由制度主义的基本观念，制度主义的核心内涵——国际规则——也就成为国际关系学界全球治理研究的聚焦点。

理性主义的规则治理理念对国际治理做出了重大的贡献。但是，基于理性主义的规则治理模式不是唯一的治理模式。当不同行为体、尤其是非西方文化传统中的行为体（比如中国、印度等国家）开始进入全球治理体系的时候，自然会将自身的经验和实践带入这一体系。由于理性主义是西方现代化的核心理念而并不必然是这些新兴力量的核心理念，规则治理也不是这些新兴力量的唯一治

---

① Robert O. Keohane, *After Hegemony: Cooperation and Disorder in World Politics*, Chapter 5; Robert O. Keohane, "The Demand for International Regimes," in Robert Keohane, *International Institutions and State Power: Essays in International Relations Theory*, Boulder: Westview, 1989, pp. 101-131. 亦可参见 Robert Axelrod and Robert O. Keohane, "Achieving Cooperation under Anarchy: Strategies and Institutions", in David A. Baldwin, ed., *Neorealism and Neoliberalism: The Contemporary Debate*, New York: Columbia University Press, 1993, pp. 85-115; Duncan Snidal, "Relative Gains and the Pattern of International Cooperation," in David A. Baldwin, ed., *Neorealism and Neoliberalism: The Contemporary Debate*, pp. 170-208.

② Robert O. Keohane, *After Hegemony: Cooperation and Disorder in World Politics*, 1984.

理实践，这样就会出现互不适应、互不理解且难以达成有效协议的情况。在这种情况下，表面上的利益纷争实际上反映了深层的理念差异。

二元对立的思维方式则是如何看待治理世界中不同力量之间关系的方法。黑格尔的冲突辩证法是二元对立思维方式的理论概括，认为在任何一种结构中，正题与反题是两极，二者之间的关系是矛盾、对立、冲突的。任何两种力量、结构或是过程之间以冲突为基本取向，以消灭对方为发展前提。只有当一个主体占据主导地位，消解或是消灭另一个，这种内在的、非调和性矛盾才能得到解决，其后才会形成一种更高层次的新的合题。它的核心是通过不断斗争和冲突得以变化和进化，是“世界凭借‘既有’及其反面之间的冲突与对立，来实现自身”。在这种辩证法里，“冲突的存在使斗争成为必须，唯有尽力的斗争，才能消灭内在的逻辑矛盾”。[1]在承认这种辩证法在现代化过程中有着积极进取意义的同时，还必须认识到这种进取的实现是斗争、是冲突、是一方消灭另一方。即便是在人与自然关系领域，这种思想也是影响重大，在某种意义上既实现了人征服自然的现代化梦想，但也导致了人毁灭自然的现代化野蛮。

冲突辩证法的关键在于它强调对立性和排他性。冲突辩证法虽然强调进化，但进化过程被视为一个斗争性零和博弈。冲突因此具有了本体意义，成为一种自我实现的预言，甚至被内化为一种所谓的客观存在，人类是无法解决和调和这些矛盾的。这种冲突性在西

① 成中英：《论中西哲学的精神》，上海：东方出版社 1995 年版，第 184—185 页。

方思想史和历史学那里具有十分重要的意义，被视为推动人类社会进化发展的基本动力。看一下西方主流国际关系理论，如以古典现实主义和新现实主义为代表的权力理论、文明冲突理论以及英国学派所代表的国际或是世界社会理论，这种冲突性思维几乎无处不在。现实主义认为不同国家冲突是难以避免的，文明冲突认为不同文明之间的冲突是难以避免的，英国学派认为不同国际社会之间的冲突是难以避免的。现代化过程中将人与自然对立起来，视其为冲突关系并以人征服自然为基本解决方式，甚至将这种征服视为人的伟大与光荣，这也反映了对世界上根本关系的冲突性认识。将冲突视为世界万物之间的关系本质和世界发展动力，这成为西方思想界的一种基本思维方式。[①]

当今的国际社会中出现了两种力量，一种是原有的大国，他们是在西方现代化过程中发展成世界大国的国家；一种是新兴国家，主要是在全球化过程中迅速成长起来的金砖国家。这种基本力量态势很容易被置于冲突辩证法的认知框架之中，也就是说被结构为“既有”和“反面”，如果以冲突辩证法和二元对立的观点来审视这两种力量之间的关系，势必强调其对立性和冲突性，原有大国会将新兴力量视为现行规则的破坏者，新兴大国会将原有大国视为旧秩序的维护者；原有大国试图对新兴大国实施“社会化”，而新兴大国则认为原有大国试图压制自己的发展壮大。在这样一种思维定势

① 自西学东渐以来这种思维方式也在影响着中国近现代的知识精英和政治精英。参见李泽厚：《中国近代思想史论》，天津：天津社会科学院出版社 2003 年版，第 75、80 页。

导致的认知框架中，是很难就全球问题达成协议的。

二、秩序理念原则的重建

全球治理失灵的出现，说明现行规则体系不能有效地发挥全球性治理功能。虽然世界成为一体，普遍的共识是国际制度改革势在必行，但真正改革现行规则体系是一件十分困难的事情。诚然，国家从自我视角观察问题，从自身利益思考问题，所以在全球性问题上很难达成一致，哥本哈根世界气候大会可能是这方面的一个典型实例。但是，全球治理的原则及其背后的理念和范式，可能是当今世界在许多问题上面无法达成一致的更为根本的原因。

规则是至关重要的，是全球治理不可或缺的。但是，现行的国际规则是不充分和低效度的。这些规则本身就是为管理国际体系中的个体行为体、而不是为国际社会的整体治理而设计和制定的，所以，在管理全球公地和应对跨国威胁方面效用很低。这些规则许多是第二次世界大战之后制定的，没有反映冷战以后世界权力格局和权力性质的变化，所以，滞后于冷战后变化的形势使得新出现的问题难以得到解决。进而，这些规则不能充分反映全球高度相互依存的态势，难以解决原有大国和新兴经济体之间出现的矛盾和分歧，无力协调各种力量之间的关系。二十国集团（G20）的成立本身就说明现有制度体系的不充分性和低效度性，但 G20 成立之后的运作及其难以达成一致的实际状态也反映了改革的艰难。

改革和创新之所以如此艰难，一个根本的原因是国际规则背后的原则理念依然是过去沿袭下来的，没有反映世界的现实情况。所以，重要的是理念创新。只有这样，才能够真正建立适应治理全球而不是治理国家的新的体系。在一个全球化的时代，在一个新型大国群体崛起的时代，需要融合各种文明治理思想的新的治理体系，重建世界秩序的理念原则。为此，本文提出以下三个基本的秩序理念：多元主义（pluralism）、伙伴关系（partnership）和实践参与（participation）。

（一）多元主义：多样性、包容性与互补性

多元主义是第一原则。在讨论世界秩序的时候，霸权秩序或曰“霸权治理（hegemonic governance）”是一个基本的范式。无论是霸权稳定理论还是自由制度主义，都强调是霸权国建立了国际秩序，提供了国际治理必需的公共物资。因此，霸权国是国际治理必不可少的要素。比如新自由制度主义认为维护国际制度不需要霸权，但是建立国际制度则需要霸权国的权力支撑。[①]霸权治理模式很容易被延展开来，成为一种垄断治理思维，也就是说，治理一个体系或是一个社会，需要一种主导力量。现实主义强调这种力量是霸

① 基欧汉虽然相信国际机制的存在和变化可能与权力消长没有关系，但也认为“当代国际机制的建立基本上是战后美国权力的产物，并通过美国权力得以实施”。参见 Robert O. Keohane, *After Hegemony: Cooperation and Discord in World Politics*, pp. 14-15.

权国的物质实力，自由主义强调这种力量是制度权力。现行的国际规则体系一直是管理国际事务的重要机制，因此，人们已经很习惯以这种理念思考问题，而忘记了我们现在生活在一个真正多元和多维的世界之中。治理一个多元世界，多元主义作为一种理念是至关重要的，需要以“多元治理”的概念代替“垄断治理”或是“霸权治理”的概念。只有真正树立多元主义的思想，才能真正建立多元治理的体系；也只有建立起多元治理体系，才能针对全球性问题提出切实可行的解决方案。

本文提出的多元治理模式与霸权治理或是垄断治理有着根本的不同，它包含了三个基本要素，即多样性、包容性和互补性。多样性是当今世界的现实，尤其是非西方国家进入国际体系和国际社会并开始发挥重要作用，多样性就更加明确地表现出来。承认多样性是构建多元治理模式的基础，也是全球治理的合法性基础。“多元统一（unity in diversity）”不应是一个口号，而应是对现实的承认，因为任何试图将多样性变为同质性的做法都不会成功。包容性具有同样重要的意义。包容意味着融合来自不同行为体的不同观念和实践，以便形成合理有效的全球治理。比如，“保护的责任”是进行人道主义干预的重要理念原则，认为在一个国家无力保护国民免受人道主义灾难的时候，国际社会有责任进行干预，对其国民实施保护。同时，也需要理解为什么很多发展中国家提出“保护中的责任”或是“负责任保护”的理念，因为人道主义干预不仅仅是干预，干预只是手段，而目的是和平建设和长期稳定以使人道主义灾难得到更根本的治理。包容性有助于我们分辨和界定不同行为体在全球治理中的不同理念，并试图将这些理念中合理的成分结合起来。包容性治理的对立面是霸权治理，是强行实施某种单一的管理模式，也是将自己认为正确或是有益的东西强加于人。在当今日益多样化的世界上，强加于人的做法是没有合法性基础的。

互补性在某种意义上更加重要。如果我们承认世界的多元性和文明的多样性，承认强加的霸权治理不具合法性基础，那么互补就是在全球层面实现有效治理的重要途径。互补性不仅承认世界的多样性，而且自觉地相信不同文明的理念、价值、规范不仅不是冲突的，而是互补的；认为源自不同文明的思想和实践可以通过平等对话相互融合并形成新的合体。平等对话的实现需要通过实施互补的原则。它不仅涉及利益上的互惠，也包含理念上的相互融会。一些西方学者已经深刻批判了文明冲突或文明优劣等持有偏见的观点，提出了“多元文明和多维文明”观。[①] 比如，民主和市场是被普遍认可的价值理念和制度取向，“己所不欲、勿施于人”也是具有普遍价值的理念。马克斯·韦伯（Max Weber）曾经认为东方儒家文化与西方自由市场实践是难以结合的，[②] 但实际上儒学文化圈的经济体已经以充分的经验证明两者之间不仅可以结合，而且能够促成意义重大的经济发展。

---

① Peter Kalzenstein, ed., *Civilization in World Politcs: A Plural and Pluralistic Perspective*, London and New York: Routledge, 2010.

② ［德］马克斯·韦伯：《中国的宗教：儒教与道教》（康乐、简惠美译），桂林：广西师范大学出版社 2010 年版。

（二）伙伴关系：集体身份与关系治理

伙伴关系是第二个重要的秩序理念。伙伴关系是对全球范畴内行为体关系的一种再定位，认为包括国家在内的世界行为体不应当是现实主义世界的敌对关系，也不完全是自由主义描述的那种仅仅为利益展开合作或是竞争的利益攸关方。伙伴关系是一种关系身份的认定，它是一种基于信任和认同的关系，它背后的治理理念是关系治理。

西方学者更趋于提出利益攸关方的理念，因为这是一种基于理性主义的概念。这是现有国际思维的主导话语，也是规则治理的基本假定。利益攸关方与规则治理的方式主要考虑到个体利益，但往往不能从对方的立场思考问题。利益攸关方也强调双赢结果，但是这种双赢结果是一种博弈意义上的双赢：如果一方不能够保证自身利益的实现，就不会考虑另外一方的输赢问题。绝对收益和相对收益[①]只是一个表层现象，即便行为体考虑的是绝对利益，这种绝对利益也必须是对自己有价值的利益。这样一来，势必产生一个高度竞争的态势，身处其中的行为体只能力求实现自身利益的最大化。大多数管理全球公地的谈判都是在这种工具理性环境中展开的，迄今为止，在涉及跨国威胁的重大问题上，全球治理几乎没有任何

---

① Joseph Grieco, "Anarchy and the Limits of International Cooperation: A Realist Critique of the Newest Liberal Institutionalism," *International Organization*, Vol. 42, No. 3 (Summer, 1989), pp. 485-508.

进展。

伙伴关系的概念是不同的，它的基本参照不是利益得失，而是相互关系的协调和整体氛围的营造。关系治理将全球治理视为一种对相互之间关系的塑造、协调和管理过程，将塑造关系身份视为治理的要素，将协商过程视为治理的根本所在。[①]它与利益攸关方的一个根本不同点是，关系治理的基本机制在于协调行为体之间的关系，使之朝着信任和“我们感”的方向发展，而利益攸关方的观点仍然强调个体的利益得失。关系治理作为一种有益的治理方式，可以弥补规则治理的诸多不足。关系治理的成功与否在很大程度上基于全球伙伴关系的培育与发展，伙伴关系是一种关系身份而不是一种个体身份，关系治理也总是把行为体视为关系中的行为体。[②]

关系治理更多地来自中国的思维方式，也是中国传统治理实践的组成部分，是在一个文化共同体中经过几千年实践形成和发展起来的。在这种治理方式之中，关系性被视为社会的一个基本概念，行为体之间的关系是基本分析单位，治理因之也被界定为管理、协调、平衡与和谐关系的过程。换言之，关系治理将行为体之间的关系而不是行为体个体作为社会的关键所在，强调和谐关系是治理的重要内涵。根据这样一种思维方式，整体利益而不是个体利益就成为良治的关键目标。伙伴关系是一个关系性概念：行为体可以通过

---

① 秦亚青：《关系与过程：中国国际关系理论的文化建构》，上海：上海人民出版社2012年版。

② Qin Yaqing, “International Society as Process: Institutions, Identities, and China’s Peaceful Rise,” *The Chinese Journal of International Politics*, Vol. 3. No. 2, 2010, pp. 129-153.

建构伙伴关系形成一种集体身份，共同应对全球公地所面临的挑战。伙伴关系从根本上否认自我—他者或是“既有”和“反面”的一分为二世界观，而是强调利益和价值的互补性。和谐关系需要相互信任，这也正是伙伴关系的实质所在。根据这些基本的观点，关系治理的理想模式是一个信任社会，其中有规则制度，也有关系认同，更有道德规范。对于国际社会的治理，规则是十分重要的，但管理和发展良好的关系也十分重要。在一个良好的关系环境中社会治理的有效性就会大大提升。

当今的主导治理模式是规则治理，核心是国际制度，亦即以规则为核心的治理模式。但是，其他治理方式确实存在。在威斯特伐利亚体系之外，有着其他国际体系或是类国际体系的存在，比如东亚的朝贡体系或是日本江户时代的幕府体系。由于国际关系研究长期以来是西方学者的领地，他们的基本思想来源和实践经验是来自威斯特伐利亚体系以及后来发展演变的国际体系，所以他们的研究基本上是在这一实践体系中产生的，难以想到其他国际体系的运作方式、实践状态以及背后的思想理念。[①] 进而，规则和关系不是相互排斥的二元对立，而是相互补充的二元融合。结合两者形成一种综合治理模式，可以使全球治理更加有效，也更具可持续性。[②] 关系治理不可能也不应当代替规则治理，关系治理和规则治理是相互

① David Kang, *China Rising: Peace, Power, and Order in East Asia*, New York: Columbia University Press, 2007; Eric Ringmar, "Performing International Systems: Two East-Asian Alternatives to the Westphalian Order," *International Organization*, Vol. 66, No. 2, 2012, pp. 1-25.

② Qin Yaqing, "Rule, Rules, and Relations: Toward a Synthetic Approach to Governance," *The Chinese Journal of International Politics*, Vol. 4, No. 2, 2011, pp. 117-145.

补充的两种治理方式。通过关系治理，可以培养和形成一种真正的伙伴关系，反过来又进一步促进整体治理的效度，最终形成一种既有规则可循，又有和谐关系的信任社会。

(三) 参与实践：积极治理与共同进化

使国际社会成员形成伙伴关系、参与全球治理，是比仅仅惩罚违规者更加有效的治理方式。在国际关系学界对全球治理的研究中，对参与实践和伙伴感的研究甚少，因为理性主义仍然是国际关系研究领域的主导话语。但心理学和社会心理学在这方面已经做过很多研究，不少研究发现，行为体参与程度越是高，它们的反馈就越积极。行为体积极参与国际社会活动与接受国际规范是密切相关的。[①]有效的治理模式是使国际社会成员参与到全球治理的过程之中，参与到国际制度设计、制定和实施的过程之中。只有这样，才能塑造集体身份。现行国际社会的主导力量是西方国家，现行国际规则体系也基本上是西方国家设计和制定的。对后来者而言，伙伴感而不是异化感是十分重要的。布鲁斯·琼斯（Bruce Jones）等人在批评小布什政府曾经说过："甚至对美友好的政府也反对美国将国际制度视为工具的做法，即如果符合美国利益就加以利用，如果

① 颜琳：《武装组织的社会性克制：参与进程与儿童兵规范的传播》，外交学院博士论文，2012 年。

不符合美国利益就置之不理（并在言辞上加以贬低）。"[①]这里反映的就是一种后来者的异化感：国际规则是一种主导者的权力工具，后来者只能是被规则治理的对象，这样的规则是不具合法性的，也不会达到有效治理的结果。

参与实践是奠定全球治理合法性基础的必要条件，是克服异化感的有效途径。但这种参与必须是积极参与而不是消极参与。国际关系研究中曾经讨论过"好规范/好规则"偏见，即预设现行规范都是好的，然后思考规范如何被传播到"落后"者，使他们能够接受并予以内化。这实际上就是要求国际规则体系和规范体系的后来者被动地接受和内化已有的规则规范。这是一种消极参与，是一种最终实现"同质化"的手段。[②]有效治理需要的积极参与，不是要求行为体简单地遵守规则，而是一个共同设计和制定规则的过程，一个对话协商的民主过程，一个分担责任、分享权力、共同维护全球公地的过程，同时也是一个培育伙伴感和建构伙伴关系的过程。

在积极参与的基础上，就可以出现"共同进化（co-evolution）"效应。[③]我曾讨论过"共题（co-thesis）"的概念。如果仅仅以正题和反题式进化观来观察世界，则会将世界看成一个处处是二元

---

① Bruce Jones, Carols Pascual and John Stedman, *Power and Responsibility: Building International Order in an Era of Transnational Threat*, p. 34.

② 关于"好规范偏见"的概念及其讨论，参见 Ryder McKeown, "Norm Regress: US Revisionism and the Slow Death of the 'Torture Norm'," *International Relations*, Vol. 23, No. 1, 2009, pp. 5-25.

③ 秦亚青：《关系与过程：中国国际关系理论的文化建构》，第三章，上海：上海人民出版社 2012 年版。

对立、冲突四伏的场所，其中任何个体行为体都以追逐自身利益为目标，都必然进入与他者发生冲突的霍布斯丛林。如果换一种世界观，则可能将世界视为一个本质上是自我和他者二元互补的社会，自我和他者处于“共题”状态，他们之间的关系不是正题反题式冲突，而是共题式进化，或“共同进化（co-evolution）”，是双方通过互补的方式融合，形成新的合题。[1]这种参与过程不是建立同质性身份，不是要用一种话语替代、征服、消除其他话语，而是一个共同进化的过程：即自我和他者相互学习和借鉴、互为生成条件、互为变化条件、形成新的生命合体的过程。这是共同进化的根本意义，而这种意义只有通过以真正多元主义的理念参与全球治理实践和形成伙伴关系才能够体悟到。

三、结 论

全球治理失灵是当今世界面临的一个严重问题，直接结果是从经济发展到反恐等一系列领域问题接连不断地出现，但国际社会作为一个整体却无法有效应对这些问题。世界发生了重要的变化，但全球治理却没有跟上形势的发展，过去的治理理念仍然主导全球治理的实践。一方面是国际社会对有效治理的需求越来越大，另一方

---

① 秦亚青：《关系本位与过程建构：将中国理念植入国际关系理论》，《中国社会科学》2009 年第 3 期，第 69—86 页。

面全球治理的机制和方式却在供应一端表现得越来越不足。这已经成为管理世界公地的重要障碍。

现有国际规则体系难以有效应对跨国问题。这并非意味着治理不需要规则，规则无疑是治理的最重要机制，但是，现有规则体系在全球治理方面遇到前所未有的挑战。原因有很多，本文讨论了三个基本原因：这些规则不是为管理作为整体的全球公地而设计的，所以难以治理一个越来越全球化的世界；这些规则没有充分反映国际体系中权力的变化消长，所以难以反映和管理原有大国与新兴大国之间的真实关系；这些规则继续以个体国家为基本的治理对象，所以难以应对多元行为体高度相互依存的复杂关系。

之所以治理供给落后于治理需求，一个根本原因是治理理念仍然大大滞后。支撑当今国际规则体系的最重要理念是理性主义。理性主义假定个体的利己本性和制度将利己变为利他的功能，所以，几乎所有现行规则从一开始就将治理对象设定为国际社会的个体成员，认为它们之间存在的利益冲突只能通过契约的方式加以解决。这种理念有很大的合理性，但在变化的世界上也表现出很大的不充分性，因为从本源上这类规则就没有将世界视为一个整体。在冷战后几十年里，虽然为了应对新的挑战，针对原有规则也做了一些改进，但规则体系的不充分性却越来越明显地表现出来。

对国际社会中的个体成员、对原有大国与新兴大国、对不同文化和文明，不能够用简单方式假定它们是冲突的二元。为了有效改变全球治理失灵状态，首先需要有一种理念革命，需要以多元主义的方式审视世界，以伙伴关系的方式应对跨国威胁，以积极参与治理过程的方式管理全球公地。多元主义不仅要求承认和尊重世界的多样性，而且要求将不同文明价值的精髓融合起来，形成具有高度合法性的治理方式；伙伴关系要求有效管理和促进国际社会成员之间的关系，而不是简单地以理性主义的假定为主导、将个体成员视为治理的根本对象；参与实践则要求鼓励国际社会成员以平等身份积极参与全球治理的进程。全球治理本身是一个协商过程，是一个参与和身份重塑的过程。简言之要真正改变全球治理失灵现象，就需要以多元主义的世界观、以伙伴关系的思维方式、以参与治理过程的实践活动建构起一种真正的全球身份认同。世界正处于一个新的历史时期的关口，如果全球性问题得不到有效解决，走回弱肉强食的霍布斯丛林并非完全不可能。

第二章　外交环境变化与中国外交能力建设

朱立群*

当前国际体系正在持续发生着深刻的变化。经济上，国家间相互依存和相互影响不断加深，积极或消极因素加速外溢；政治上，新兴市场崛起导致像二十国集团（G20）这样的新型国际制度诞生，发展中国家开始分享国际决策权力，但这些国家也面临诸多内部挑战，参与全球治理显得力不从心；安全上，传统和非传统安全相互交织，国家安全（national security）与人的安全（human security）日益同等重要，各国面临两个战线上完全不同的安全诉求；在社会领域，信息技术赋予个人更大权力，公民社会迅速发展，权利诉求加大，并对国内和国际政治投射日益增长的影响力，这一发展正在

* 朱立群，外交学院副院长、教授、博士生导师。本文原载于《国际问题研究》2013 年第 2 期，第 102—113 页。

深刻地改变着国内和国际政治的运作方式。在这种全新的形势下，中国外交既面临新的机遇，也面临复杂的挑战，需要全方位加强外交能力建设：观念上，要深刻认识形势变化对外交的影响，重新定义外交的内涵与功能；制度上，需整合各种力量，加强外交协调，创新责权明确而又协调统一的协作机制；政策上，协调好资源、手段和能力三者关系，加强策略研究，提高外交艺术，从而使中国外交更好地为全面建设小康社会、实现中华民族伟大复兴的总体战略目标服务。

一、外交环境的新变化

外交运行环境的深刻变化可以概括为以下三个特点：内外事务纠缠性、外交事权分散化和外交运作透明化。

外交运行环境日益具有纠缠性，是指国内和国际事务出现了界限不清、关联密切和相互作用的复杂局面，也就是我们常说的国内国际两个大局交织的情景。通常来讲，外交是一国政府采用沟通、谈判等非暴力手段落实对外政策的各项活动，而对外政策负责的是“调停外部对内部的影响”①，它的形成和实施依赖于国家主权，也即“国家的存在所创造的空间”②。但是，全球化和信息化改变了国

① ［英］克里斯托弗·希尔：《变化中的对外政策政治》（唐小松、陈寒溪译），上海：上海人民出版社 2007 年版，第 33 页。

② 同上。

家存在的方式和存在的空间，资本在全球流动，市场经济在全球扩张，生态环境在全球联动，内外事务呈现出高度的流动性、共时性和相互交织的特征。过去，国家是在其主权范围内处理自身发展的诸多问题；现在，这些问题却往往需要在全球体系当中加以解决。例如，全球经济失衡是全球化背景下各主要经济体的结构和政策矛盾造成的，因此全球经济的再平衡也就需要各国在结构和政策调整中采取协调行动，兼顾内部政策与外部效应的平衡。再如，中美在经济领域形成了深度相互依存的关系。2012 年 1—11 月，中美贸易额达到 4836 亿美元[①]，中国拥有超过 1 万亿美元的美国国债，是美国第一大海外债务持有者。因此，保持积极、健康的中美经贸与投资关系成为中美两国经济发展的一个基本条件。在这种背景下，经济事务成为外交事务中的头等大事，逐渐占据对外政策的核心地位，外交政策和对外经济政策变得日益纠缠不清，对外经济政策与全球经济政策的协调变得空前重要。

伴随着经济主权边界的若隐若现，安全事务的内外纠缠也变得显而易见。“9・11 事件”带来美国十年的反恐战争，催生了美国国土安全部的建立，以及各种各样的内部反恐措施的实施。中日关于钓鱼岛的主权争端导致中国国内民族主义情绪高涨，极端民众打砸抢烧引发了对国内安全与稳定的严重关切。全球气候变化带来环境安全问题，极端天气引发水灾、旱灾、城市渍涝和其他自然灾害，

① 中国商务部新闻办公室：“2012 年商务工作年终述评之三：中美双边贸易额将近 5000 亿美元，创历史新高”。http：//www. mofcom. gov. cn/aarticle/ae/ai/201212/20121208498231. html。

使得对人的安全关注不断上升。社会安全在各个国家的议事日程上日益重要，民生问题与国家的稳定与安全紧密相关，一些国家无法提供基本的国民福利，导致国家内乱不断，并外溢成为整个地区的安全问题。可以说，国际安全与国内安全的联系从来没有像今天这样紧密，这样错综复杂。

政治上风行日盛的人道主义干涉也不断侵蚀主权规范。20 世纪末以来，人道主义的发展催生了“保护责任”和“负责任主权”的概念。后者论证的出发点是人权，强调的是主权国家在维护本国秩序和公民权利的同时，还需要承担起尊重、维护他国正当权益和国际社会共同利益的责任。因此，负责任主权强调的是国家不仅不再拥有绝对权力并可任意运用这种权力，而且，国际社会还负有责任干预不负责任的主权。“负责任主权”与“保护责任”从合法性的角度侵蚀着内外事务的边界，使之变得纠缠不清。近年来，国际刑事法庭几个具有全球影响的审判以及在某些国家设立禁飞区的做法，实际推动了“保护责任”规范的发展，并使得主权与人权的争议日益具有全球性。这一争议本身正是导致内外事务相互纠缠不清的内在原因。

社会领域的内外渗透更呈不断增长的趋势。信息技术和互联网的诞生，不断推动着跨境社会组织与社会网络的发展。全球中产阶级队伍的壮大，权利诉求在各国普遍加大。近年来，一个突出的现象是公民社会走出国界，日益成为全球治理的重要行为体。在实现联合国千年发展目标、全球零地雷运动、解决生态负债问题、人权与人道主义救援等领域，公民社会组织通过推动国际社会的议程设定、推广概念和规范、自下而上地评价与监督等方式发挥着越来越重要的影响力。它们通过跨国社会运动的方式动员力量，推广自身的价值和理念，提供跨国社会服务，具有极强的号召力。如 1992 年开始的国际禁雷运动，就直接促成了 1997 年渥太华政府间会议的召开和《渥太华禁雷公约》的签署。在 2009 年哥本哈根气候大会上，新的世界“气候正义”（Climate Justice）网络在“气候论坛”（Klima Forum）中发挥了显著作用。[①]这些例子表明，跨国社会组织通过社会运动等方式可以对一国的外交政策产生直接或间接的影响。在这种情况下，外交政策所需处理的不仅是政府之间的事务，还需要应对个人赋权加大和社会组织网络化的发展，以及跨国性质的经济、政治和社会运动。这种权力向下和平行发展的跨国运动实际上远远超出了主权概念所界定的外交政策运作范围，使现有的外交应对力不从心。

内外事务的纠缠性带来外交事权的分散化趋势。对此，英国著名外交政策专家希尔早有论述。他指出，由于形势的变化，外交部对国内官僚机构的涉外事务失去了控制，不得不与军方、经济部门和情报部门等分享外交政策的制定和执行，从而导致对外政策的平行分权局面。[②] 看看国内参加中美经济战略对话的众多相关部门就

---

① Raffaele Marchetti, “The role of civil society in global governance,” In Álvaro de Vasconcelos ed., *Global Governance: Building on the society agenda*, Paris: EU Institute for Security Studies, 2011, p. 28.

② ［英］克里斯托弗·希尔：《变化中的对外政策政治》（唐小松、陈寒溪译），上海：上海人民出版社 2007 年版，第 94—97 页。

可以了解这一趋势仍然在发展。由于国际和国内事务日益纠缠，一个国家的发展越来越依赖于在国际社会的有效外交行动，这导致外交事务的重要性不断上升，领域不断扩展，外交日益变成一个涉及整个政府的事情。与此同时，正是由于外交涉及整个政府，外交部作为政府的一个部门，地位相应下降，需要面对国内众多参与决策的伙伴。外交官也面对众多的国内“竞争对手”，在处理诸如国际金融危机、气候变化、大规模杀伤性武器扩散等全球问题上，他们必须依靠不同部门的技术专家。在这种情况下，外交部虽然仍是主导力量，但已不再是国家主权的所谓“守门人”。[①] 同时，地方、企业、社会组织和个人也越来越多地参与到国际交往与合作当中，其与政府外交虽然并不必然构成竞争关系，但是个体利益与整体利益也并非总是一致。这种局面导致外交政策必须在国内进行上下左右的协调，因而建立可协调各部门和各方面的事权高度统一的协调机制就成为一种必须。外交部门相较于其他部门的重要性，越来越体现在面对竞争的利益和多重的责任时如何框定外交议程、界定政策目标以及如何更好地引导政策的落实。协调日益成为外交部一项重要而又艰巨的任务。

信息化和网络时代还导致外交日益公开透明。外交决策者不仅面对竞争性的责任要求和冲突的规范，他们的一举一动都受到新旧媒体的持续关注。对外政策本是一个具有独特性的公共政策领域，

---

① Brain Hocking et al.,“Further for Diplomacy: Integrative Diplomacy in the 21th Century,” Netherlands Institute of International Relations “Cligendael”, Report No. 1, October 2012, p. 5.

有自己的运作渠道。作为一种妥协的艺术，外交也需要有自己独立的空间。但是，在媒体的高度跟进中，妥协的空间被大大缩小，外交运行中必要的时间差几乎不复存在，这使得本应该是慢工细活的外交有时变成了“即时外交”。[①] 也就是说，当面对危机或突发事件，外交决策者需要立即做出反应，否则媒体或大众的反应，不论其是否理性都会迅速占据舆论和信息空间，从而挤压官方的外交应对。今天的世界，信息化时代的媒体在赋予话语权和形象塑造上发挥着前所未有的巨大作用，这是外交面临的前所未有的新局面，它迫使外交日益走向公开化，面临来自公众的强大压力。

透明化主要是因为信息化导致国内社会日益暴露在外部发展之下，国内事务的方方面面不断地被外部世界观察和评论。在信息传递迅速和公民社会发展的今天，外交事务不仅变得异常“民主”，国家形象建设也提升为一项重要的外交任务，这意味着外交工作的对象如同外交主体一样在全方位拓展，从而使“公共外交”空前重要。这样一种发展，不仅导致外交战略需要凝聚广泛的国内共识，它还需要对外传递国际社会可以接受的价值与理念。因而，外交运行背后的价值观问题被提上了日程。仅仅致力于国家利益，外交就走不远，难以赢得人心，也无法应对今天对外交公开性的要求，更无法在信息化时代塑造良好的国家形象。

外交环境变化深刻地影响着外交的内涵与功能，推动着外交概

① Philip Seib, *Real-Time Diplomacy: Politics and Power in the Social Media Era*, New York: Palgrave Macmillan, 2012.

念的变化，所谓“转型外交”（transformational diplomacy）[①]、“大外交”（mega-diplomacy）[②]、“整合外交”（integrative diplomacy）[③] 等新概念的出现，就是这种变化的产物。

二、中国外交能力建设的三大挑战

外交环境的新变化，对外交运作方式和外交质量提出了更高的要求。对中国外交来说，在新的形势下，面临如何进一步提升外交能力的新型挑战。它主要涉及三个方面：外交的策略能力、外交的协调能力和外交的观念能力。

外交能力问题的产生首先来自于我国的基本国情和内外事务相互纠缠的现状。2010 年中国经济总量超过日本，成为世界第二大经济体。但是，我国总体上仍是一个相对贫穷的国家，人均 GDP 只有 5445 美元（2011 年），约占美国人均 GDP 48112 美元（2011 年）的九分之一。[④]

① Condoleezza Rice, “Transformational Diplomacy,” a speech at Georgetown University, January 18, 2006, http: //merlin. ndu. edu/archivepdf/nss/state/59306. pdf.

② Parag Khanna, *How to Run the World: Charting a Course to the Next Renaissance*, New York: Random House 2011, pp. 22-28.

③ Brain Hocking et al., “Further for Diplomacy: Integrative Diplomacy in the 21th Century,” p. 10.

④ 中国人均 GDP 和美国人均 GDP 数据均来自世界银行数据库，参见 http: //data. worldbank. org/indicator/NY. GDp. PCAp. CD。

仍处于社会主义初级阶段的这一发展中国家身份,[①] 使得我国成为世界上一个独特的全球大国。一个人口众多，仍处于工业化、城市化和农业现代化进程之中，还有 1.28 亿贫困人口[②]的中国，发展经济始终是刚性需求。因而，中国一方面代表着巨大的市场潜力，同时也对世界资源和能源需求巨大。中国经济总量世界排行第二，导致国际社会要求中国承担更大的国际责任，甚至发挥领导作用，如在解决全球经济危机、气候变化、苏丹达尔富尔问题、朝核和伊朗核问题上，都对中国存在过高期许。而在中国国内，大量贫困人口和贫富差距不断拉大的社会现实，大众希望不断改善住房、教育、医疗、交通等民生条件的诉求，又使中国政府需谨慎对待加大承担国际责任的外部要求。在这种情况下，中国就必须妥善平衡内外不同的诉求，既要保持相对较高的经济发展速度以满足国内的需要，也要逐步提升对国际社会的贡献以减轻外部世界的压力。平衡不好，就会两头出现问题。中国赠送马其顿校车在国内引发一片不满和质疑之声,[③] 国际社会关于中国搭便车的指责，便是这种基本国

---

① 胡锦涛：“坚定不移沿着中国特色社会主义道路前进，为全面建成小康社会而奋斗——在中国共产党第八次全国代表大会上的报告”，http：//cpc. people. com. cn/18/n/2012/1109/c350821-19529916-2. html。

② 按照 2011 年中国提高了的贫困标准（农村居民家庭人均纯收入 2300 元人民币/年），目前中国还有 1.28 亿贫困人口。参见中国科学院《2012 中国可持续发展战略报告》，http：//www. chinadaily. com. cn/hqgj/jryw/2012-03-12/comtent_ 5395999. html。

③ 根据 2011 年年初达成的援助协议，中国政府向马其顿提供 23 辆校车。2011 年 11 月 25 日，中国援助马其顿校车项目交接仪式在马其顿总理府举行。该消息在网上发布之时，正逢中国甘肃省某地发生幼儿园校车因过度拥挤导致车祸造成儿童伤亡的事故。因此，赠送校车一事在国内引起广泛关注，网民表达强烈不满，并质疑政府为什么在国内校车问题尚未解决好却要去援助一个人均收入高于中国的马其顿。

情和内外事务交织给中国外交带入两难境地的典型例证，它要求我们的外交能够在国内和国际两条战线上应对这种双重挑战。

国内和国际事务的相互纠缠，导致对内和对外的能力建设也交织在一起，二者的联系较之过去更加突出。应该说，外交能力越来越演变成为执政能力的延伸。因此，外交能力建设不只是外交部的事情，而是一个国内各级、各部门，甚至是全体人民的事情。国内在某些问题上处理不好，就会演变成为产生国际影响并损害中国国家形象的问题。美国驻华使馆公布北京 PM2.5 值，就会在社会上形成关于北京行政部门对环境监测不到位的指责和批评，暴露了中国在环境方面的缺陷和管理能力的不足。因而，外交能力不仅仅是执政能力建设的重要组成部分，二者的能力强弱还会因为内外事务的纠缠性而相互影响，甚至相互加强。因此，加强外交能力建设，成为中国政府执政能力建设的重要组成部分。

外交能力建设上的挑战首先表现在策略能力方面，它主要是指如何灵活娴熟地运用自身实力以及如何提升执行力等问题。外交是实践性突出的领域，“如何说”与“如何做”都十分重要。中国政府关于走和平发展道路的对外政策宣示相当成功，为此已经发表了两个白皮书，系统阐释了中国走和平发展的战略选择基础、实现方式和对国际秩序的目标期待。[①] 但是，在各个具体问题领域、在不

---

① 中华人民共和国国务院新闻办公室：“中国的和平发展”，参见中华人民共和国国务院新闻办公室网站，http：//www.scio.gov.cn/zfbps/ndhf/2011/201109/t1000032.htm，2011 年 9 月；中华人民共和国国务院新闻办公室：“中国的和平发展道路”，参见中华人民共和国国务院新闻办公室网站，http：//www.scio.gov.cn/zfbps/ndhf/2005/200905/t307900.htm。

同的地区以及在发展各种国家关系方面，如果策略能力不够，就难以落实和平发展的方针，就会使和平发展成为一种空话。在完善和平发展的理论上，还需要进一步讨论和平发展道路与国防现代化建设的关系、和平发展与军事手段运用的关系等。例如，在地区层面，东亚地区合作面临日益复杂的竞争，再加上岛礁等领土争议导致的紧张局面和国家间信任不足，使得东亚经济合作日益政治化和安全化，地区秩序建设不断受到强权政治和集团政治的干扰。如何走出安全困境，需要多种策略，特别是平衡、协调、综合运用软硬两种实力。太软或太硬，政策缺乏弹性和灵活性，都不能处理复杂的局面。在全球经济治理层面，尽管我国不断地从边缘走向了国际舞台的中心，但是当前的国际经济和金融体系仍然由西方发达国家主导，一个国家的中心地位通常是通过制定和影响议程与规则来确立的。如何提出可被接受的议程和规则，如何加强国际事务上的领导力，我们面临长期的能力建设任务。同时，在国际层面参与公民社会组织间的交往，我们不仅在观念上准备不足，在经验上也没有什么积累。再加上自古以来中国公民自治意识淡薄，实践经验缺乏，国内公民社会建设还处在起步阶段，这些都影响到中国与地位不断上升的全球公民社会打交道的能力和水平。

外交能力建设面临的第二个挑战来自制度方面，它是指如何协调国内上下左右各种力量，形成步调一致、相互协同、效率彰显的外交能力的问题，它需要事权统一和功能界定清晰的制度安排作为基础。实际上，因外交事权扩张而带来的建制调整，各个国家一直随着形势的变化在不断地展开。例如，克林顿政府时期，美国主管军控事务的军控与裁军署、主管对外援助事务的国际开发署、主管公共外交和对外宣传的信息署三个机构合并进了美国国务院。按照英国学者杰夫·贝里奇的说法，这样做的目的不是为了协调，而是为了通过降低这三个部门的行政自治，达到在美国对外政策中降低这些问题领域重要性的目标。[①]由此可见，形势的变化不仅带来涉外各部门相互协调的问题，它还需要通过行政建制的调整来突出事务领域的优先次序，最终目的都是为了提升外交运行的效率。

随着中国外交涉及的领域不断扩张，国防安全、财政金融、贸易投资和发展援助等领域都存在一个对外责任的问题，这使得建立权威协调机构或机制成为必要。中国外交的决策在高层中枢机构，[②]但大量需要日常协调的事务仍然广泛存在，并面临着什么事情需要协调、谁来协调和谁最终说了算的问题。部门之间不通气、不沟通、责任不清、相互扯皮等现象，并非鲜见。与此同时，如何保障中国和平发展的大政方针能够在各级各部门执行过程中得到正确理解和实施，保证对外政策与各类国内政策和谐一致，仍是一个需要持续努力加以解决的问题。

除此之外，中国外交还面临一个上下协调的大问题。2008 年以

① ［英］杰夫·贝里奇：《外交理论与实践》（庞中英译），北京大学出版社 2005 年版，第 16、22 页。

② 王存刚：“当今中国的外交政策：谁在制定？谁在影响？——基于国内行为体的视角”，《外交评论》2012 年第 2 期。

来，以“3·14事件”和奥运火炬在境外传递遭遇麻烦为代表的一系列事件，凸显了“草根包围中国”的新动向，表明中国外交工作的对象正呈现多元格局，面临妥善推动社会层面与国际对接的新形势。如何推动国内非政府组织积极有效地参与国际交流与合作，奏响政府与社会协同共进的交响曲，使社会力量更好地为中国外交服务，是一个仍需努力解决的问题。社会上的多种声音虽然一方面反映了中国社会多元化发展的新趋势，但同时也带来凝聚国内共识的困难，以及政府外交应对国外社会力量上的力不从心。在更大层面上，如何运用社会力量服务中国外交大局，与国内深化政府职能的改革密切相关。如何改革和创新更加适应新的市场经济基础的上层建筑，如何协调更具现代性特征的合理有效的政府、社会和市场三者之间的关系，如何进一步从制度上推动中国的民主和法治建设，这些都是中国在现代化进程中面临的根本性挑战，需要全力以赴、持之以恒地加以应对。外交机制上更为顺畅和有效的改革，是这个更大改革进程中的一个组成部分。

外交能力建设的第三个挑战来自观念方面，它是指在清晰界定国家利益的同时，外交的背后还需要明确的规范原则以及与国内核心价值一致的追求。规范原则与核心价值互为表里，相互构成，形成一种内外统一的观念体系，用以指导外交政策和外交行为。随着全球化和信息化的发展，我们日益进入了一个权力多极化和碎片化的世界。这个多极化并非存在着界线分明的政治结构，各国之间相互依存程度不断加深，对软权力的争夺日益加剧，各种权力都试图占据道德的高地。这是因为，在一个联系越来越紧密的国际社会里，价值观占据着社会思想观念的主导地位，传递价值和理念就是不战而屈人之兵的攻心之举。在当今社会，人不能只是经济动物，所作所为不能仅遵循利益最大化的理性原则，还必须遵守规范，具有人文关怀。同理，在国际社会，与什么样的国家打交道、向着什么方向努力、建立怎样的国际秩序等，也是国际社会日常实践的核心问题。因此，外交背后体现的价值理念，不只关乎国家争夺话语权，还关乎一个国家如何在国际社会安身立命并发展壮大。和平发展与和谐世界两大基本理念，不仅反映了中国自身的优秀文化传统和对国际秩序的理想期待，也是中国人顺应世界潮流的选择。[①]要使这两大理念的传播更具穿透力，并具体落实在行动上，就必须与党的十八大报告提出的社会主义核心价值观[②]构成一个内外一致的观念体系，使外交行为和决策判断具有更可操作的道德依据。目前，这个观念体系已经基本成型，最重要的是如何在外交实践中不断加以落实和体现。

---

① 中华人民共和国国务院新闻办公室："中国的和平发展"，2011 年 9 月，参见中华人民共和国国务院新闻办公室网站，http：//www. scio. gov. cn/zfbps/ndhf/2011/201109/t1000032. htm。

② 胡锦涛："坚定不移沿着中国特色社会主义道路前进，为全面建成小康社会而奋斗——在中国共产党第八次全国代表大会上的报告"，http：//cpc. people. com. cn/18/n/2012/1118/c64094-19612151-6. html。

三、中国外交能力建设的几个认知问题

中国外交能力建设是一项长期任务，与我国进一步深化改革、提高执政能力建设密切关联。要想积极应对我们在能力建设上面临的挑战，首先需要解决思想认识问题，特别是需要更新观念，开拓思路，只有这样我们才能更好地面对变化的环境。这里谈三点认识问题：

第一，需要重新认识国际体系结构，重视能动性的发挥，主动塑造战略机遇期。由于美国国际关系理论风行中国，我们对于国际体系结构的认识趋于单一、静态和注重实力。在这样的结构观下，我们虽可以很好地分析大国关系，但容易忽视全球经济、政治和社会运动的发展对大国关系作用方式的影响。我们虽可以很好地分析力量对比，但容易轻视国内因素对外交产生的影响，从而在结构突然变化面前束手无策。因此，我们需要突破单一的结构认识，树立动态的、互补的结构观，既要看到国际体系的实力结构，也要看到经济社会的结构；既关注权力分布，也关注社会运动；既重视外部环境，也关照内部环境。结构不被看死，认识上才可能为人的能动性开放空间。能动性实际上包含主体性、位置性和策略性三个方

面，[1] 它强调的是个体嵌入社会世界、不断通过自身言行介入物质和社会环境之中。这种介入就是要在实践中运用各种能力形式，主动应对变化，创造环境，改善自己。今天的环境，要求我们积极主动地维护和营造我国进一步发展的机遇期和良好环境。因此，重新认识结构和能动性，是十分重要的。

第二，加强对过程的认识，重视大国关系的过程管理。中国与国际体系的关系是中国寻求与国际体系不断协调调整的互动过程，它表现出两个重要特征——过程性和实践性。过程性是指中国与国际体系处在一个历时性发展的两个进程之中，一个是中国内部不断改革开放的现代化进程，一个是国际体系因中国的融入而不断演变的进程。中国与国际体系之间的互动，使得这两个进程相互作用，相互影响。实践性是指中国与国际体系关系的发展是一个在实践当中不断摸索、形成新知、塑造身份的过程。[2]中国的参与不仅是一个触及中国自身政治、经济、社会等各领域深刻变化的过程，其作用于国际体系的程度也因中国规模庞大而影响甚巨。管理好这两个进程，既没有现成的理论，也没有足够的经验，因而必然是一个充满探索和不断调整的实践过程。既然中国与国际体系是一个不断演进的互动过程，管理这个过程就成为关键。既然结构是互补的，大国利益是纠缠的，管理这种纠缠也就是事务形态的核心。管理一词，在国际关系领域从来没有像今天这么重要。建设中美新型大国关

① 关于能动性的学理讨论，见朱立群、聂文娟“从结构—施动者角度看实践施动：兼论中国参与国际体系的能动性问题”，《世界经济与政治》2013 年第 2 期。

② 朱立群：“中国参与国际体系的实践解释模式”，《外交评论》2011 年第 1 期。

系，对于和平稳定的国际秩序具有首要意义。在结构性矛盾突出和战略互信相对缺乏的情况下，建设中美新型大国关系，实际上要求我们对这一关系进行过程管理，就是管理中美互动，并在过程中逐渐形成有效的管理机制和管理规则，这应该是新型大国关系建设的本质内容。

第三，重新认识功能主义的作用，妥善处理好资源、能力和手段三者之间的关系。过去，我们高度关注结构上的权力分布，不够重视功能主义。这种认识带来的行为取向必然是被动应对，重视大局而忽略小节和细节。而实际上，许多事情的成功取决于一些小节或细节上的突破或者创新做法。功能主义重视功能领域，注意解决问题的路径和方法。它告诉我们，解决具体问题有时需避开政治或者难题，而是采取先易后难、循序渐进、不断增量的路线。重视过程管理，就要关注一些细节和小事，加强对策略的研究。在策略问题上，要处理好资源、能力和手段三者之间的关系。资源是从历史和地理中派生出来的如位置、规模和发展程度等要素，构成对外政策的“基础力量”。要使其达到可运用的手段层面，就必须将其转化为能力，也就是转化成可运用的手段以实现自身的目标。[①] 手段是多种多样的，任何特定的手段又存在各种技术类型，但是，由于每种手段都有它独特的从决策到结果的行动过程，因此能力实际上是在行动过程中向外投射的影响力。[②] 加强外交能力建设，不仅要

① ［英］克里斯托弗·希尔：《变化中的对外政策政治》（唐小松、陈寒溪译），上海人民出版社2007年版，第161—162页。

② 同上，第162页。

明确我们所拥有的资源，还要研究如何运用外交、军事、经济和文化等各类手段，特别是研究结合特定行动过程巧妙运用手段的各种策略。正确的策略，在一定的情况下，可以起到扭转乾坤的作用，其对于互动关系的过程管理是非常重要的。

总的来说，外交环境变化给中国带来了机遇和挑战。本文突出强调了外交环境变化对中国外交能力建设的巨大挑战，这是因为中国的现代化进程也是一个中国融入国际体系并适应和重塑国际秩序的进程。在这个进程中，中国与世界密切联系、相互影响，我们必须在地区和全球层面把中国的现代化发展与国际秩序建设放在一起考虑。从这个角度来说，中国面临的最大挑战就是如何通过参与全球治理创造较好的国际环境，促进中国经济、政治和社会的全方位可持续发展。同时，中国已经深深融入并影响着国际体系，办好中国的事情和办好世界的事情密切相关，因此，中国要想在国际体系中占据重要地位并发挥较大的积极影响，首要的是把自己内部的问题解决好，把自己的能力建设好，坚持改革和创新，不断提升主体能力。一个和平、发展、合作的中国，是 21 世纪世界秩序的根本保障。

第三章　当前中国经济外交面临的机遇与挑战

江瑞平*

中国经济外交历经建国60年尤其是改革开放30年的发展变化，目前又进入了一个全新的发展阶段，面临着全新的机遇与挑战。这一新阶段与21世纪前20年中国的战略机遇期同步展开，形成引人瞩目的密切关联与高度互动之势。清醒认识和准确把握新阶段中国经济外交面临的机遇与挑战，积极调整经济外交战略并采取有效对策，抓住机遇、直面挑战，对于确保战略机遇期中国经济社会的平稳发展和多层面战略目标的顺利实现至关重要。

* 江瑞平，外交学院副院长、教授、博士生导师。本文原载于《外交评论》2009年第5期，第40—55页。

一

中国经济外交进入全新阶段，即是国内形势和国际环境出现的一系列重大变化共同作用的结果。这一系列重要变化为步入新阶段的中国经济外交提供了多层面的重要机遇。其中最应关注的是以下几个方面。

(一) 全球化受挫增大经济外交需求

一般认为，全球化的首要表现是经济全球化，其时间起点是 20 世纪 90 年代，其主要动因包括冷战结束、信息化、市场化和开放化加速展开等。经济全球化的主要表现是世界各国经济活动的开放度越来越高，对外经济联系越来越广，从而越来越融合为一个统一的全球经济体系。经济全球化至少从三方面增大了经济外交需求——越来越需要通过经济外交拓宽国际经济交流渠道，形成国际经济交往规则和化解国际经济摩擦。

进入 21 世纪，经济全球化趋向仍未发生根本变化，对经济外交的上述需求仍呈强化之势，但进程遇到阻碍，势头受到挫折，其速度也显现出减缓甚至停滞之势。其主要表现包括：（1）反全球化浪潮风起云涌。新近一段时间，每逢 WTO、APEC、G20 等重要全球和地区经济组织举行会议，就会遇到绿色和平组织、工会组织等各类团体和民众举行越来越广泛和激烈的抗议示威活动，即是其突出表现。(2) 新保护主义影响扩大。目前新保护主义已扩展到贸易、投资、技术转让、资源环保等国际经济活动的所有领域，更加重要的是，实行保护主义的已不再是那些传统的弱小、落后国家，那些强大、先进的发达国家反而越来越成为新保护主义的主要执行者。此方面一个明显的事例是，2007 年夏开始全球陷入金融危机和经济衰退后，美国等主要发达国家推出的经济刺激政策，均带有浓重的保护主义色彩。(3) 国际经济组织功能缺失。这从国际货币基金组织在全球各地频繁爆发的金融危机中几乎无所作为，而改革又停滞不前，世界贸易组织新一轮谈判（原定于 2005 年完成）迄今仍未真正启动等事实中即可得到明证。而这些国际经济组织在经济全球化进程中本该扮演重要角色，是经济全球化必需的游戏规则的主要制定者和监管者。(4) 国际贸易增速放缓。国际贸易迄今仍是各国间经济联系的最重要渠道，在经济全球化中扮演着重要角色，而近期其增长速度却出现了明显的放缓之势，在目前的全球金融危机与经济衰退中更是如此。如据 IMF 资料，1991—2000 年全球贸易增长率平均达 7.1%，而 2001—2010 年已降到 3.5%，下降一半以上。2009 年更将出现 11.0%的负增长。[①] 这也是目前经济全球化进程放缓的主要表现。(5) 国际投资剧烈波动。国际直接投资与跨国公司是经济全球化的主要载体，近期其发展势头出现的剧烈波动更是经济全

---

① 国际货币基金组织：《世界经济展望》2009 年 4 月，第 204 页。

球化进程受阻的重要表现。据联合国贸易与发展会议资料，全球国际直接投资（FDI）在经历了 20 世纪 90 年代后期的高速增长后，于 2000 年达到历史高点（流入量达到 13880 亿美元，比上年增长 27.7%），之后出现大幅下滑，2001 年、2002 年和 2003 年增长率分别为-41.1%、-12.4%和-11.7%，2003 年已萎缩到 6326 亿美元，不足 2000 年的二分之一。2004 年开始恢复，到 2007 年再创历史新高，达 18333 亿美元，而 2008 年又大幅减少了 14.5%，降至 16585 亿美元，2009 年预计将急剧减少 30%—40%。①

经济全球化进程的受挫，又从另一方面增大了对经济外交的新的需求：在全球经济越来越融合为一个整体，各国经济发展越来越不能离开对外交往的背景下，越来越需要各国政府和国际组织通过有效的外交努力，应对反全球化浪潮的冲击、抑制新保护主义、改革国际经济组织、优化国际经济规则、促进国际贸易与投资恢复和发展，引导经济全球化步入正确轨道。最近我们已从 2009 年 4 月的 20 国集团伦敦峰会、6 月的中日经济高层对话、7 月的中美战略与经济对话中看到了有关方面为此而进行的外交努力。

（二）多极化演进扩展经济外交空间

多极化是冷战结束后国际格局演进的重要趋向，在国际经济领

① UNCTAD, World Investment Report for the Related Years UNCTAD, "Assessing the Impact of the Current Financial and Economic Crisis on Global FDIF lows", April 2009, p. 6: Table1.

域亦然。进入21世纪后，国际经济格局的多极化趋势呈加速发展之势，目前更是如此。其最主要的表现是，新兴市场大国经济快速崛起，对由少数发达国家尤其是美国主导的国际经济格局造成巨大冲击。在2007年夏季开始爆发的全球金融危机和经济衰退中，这一趋势又得到了进一步强化：以中国为代表的新兴市场大国更加凸显出对主要发达国家的经济增长优势，其经济实力和国际地位也随之得到进一步提升。由表1数据可知，近年新兴市场大国的经济增长率要远远高于主要发达国家，在全球深陷金融危机和经济衰退的2008年更是如此。若按简单平均计算，2008年发达同家的实际GDP增长率平均仅为0.25%，而新兴市场大国却高达6.75%，高出前者达6.5个百分点。表1还给出了目前按购买力平价（PPP）计算的两类国家经济实力对比情况，2008年新兴市场4国已相当于发达国家6国GDP总量的55.7%。而若按当期市场汇率计算，两类国家经济实力对比情况的变化也同样十分明显。2000年，新兴市场4国的GDP总量仅相当于发达国家6国的11.8%，分别为23974亿美元和202906亿美元，而到2008年这一比例已提升至28.5%，8年间提升了16.7个百分点，分别为88810亿美元和311600亿美元。①

① 据IMF，World Economic Outlook，DATABASE的有关资料计算。

表 1　主要发达国家与新兴市场大国

实际 GDP 增长率和占全球比重（2008）比较　　　　（%）

		美国	日本	德国	英国	法国	意大利	中国	印度	俄罗斯	巴西
增长率	2006	2.8	2.0	3.0	2.8	2.4	2.0	11.6	9.8	7.7	4.0
	2007	2.0	2.4	2.5	3.0	2.1	1.6	13.0	9.3	8.1	5.7
	2008	1.1	−0.6	1.3	0.7	0.7	−1.7	9.0	7.3	5.6	5.1
占全球比重		20.7	6.4	4.2	3.2	3.1	2.6	11.4	4.8	3.3	2.9

资料来源：国际货币基金组织：《世界经济展望》，2009 年 4 月，第 109、190、194—196 页。

注：占全球比重为按购买力平价（PPP）计算的 GDP。

众所周知，现行的国际经济格局依然是由少数发达国家尤其是美国主导的，其中通行的体制和规则必然要首先满足以美国为中心的少数发达国家的利益和意愿。新兴市场大国经济的快速崛起，必然要对现行的国际经济体制和规则造成冲击，国际经济体制和规则必须在一定程度上体现新兴市场大国的利益和意愿。这意味着主要发达国家和新兴市场大国必须通过必要的外交努力，通过有效的协调与合作，来共同调整和改革已经越来越不能适应多极化趋势的国际经济体制和规则。在 2009 年 7 月 8—10 日于意大利召开的“G8+5”峰会上，主要发达国家与五个新兴市场大国就经济衰退、气候环保、能源资源、国际金融体制改革等问题进行了多方面的外交协调，就是这一要求的初步体现。此外，发展中国家经济的整体崛起，作为国际经济多极化的重要趋向，也要求通过必要的外交协调，在国际经济体制改革与规则调整中有所体现。

(三)区域化发展拓宽经济外交平台

区域化是进入20世纪90年代后世界经济发展显现的另一重要趋向，进入21世纪后这一趋向同样呈提速之势。其主要表现之一是，在欧洲、北美等地经济区域化进一步发展的同时，东亚地区的经济合作开始呈现快速发展势头，尤其是“10+3”框架下的东亚区域经济合作。东亚“10+3”框架下的区域经济合作是在爆发金融危机的1997年年底启动的，之后也主要围绕金融领域的合作展开，但最初几年并未取得实质性进展。21世纪以来东亚区域金融合作的实质性进展，主要是“清迈倡议”及其多边化的启动和提升。2000年5月，在泰国清迈举行的“10+3”财长会议通过了“清迈倡议”，开始在13个成员国之间建立双边货币互换关系，之后双边货币互换规模不断扩大，至2008年已达840亿美元。2003年10月的“10+3”领导人会议首次提出清迈倡议多边化。2006年5月决定成立清迈倡议多边化工作组，开始研究具体方案。2007年5月，各方原则上同意建立储备库，作为清迈倡议多边化的具体形式。2008年5月就储备库规模和借款条件达成共识。2009年2月的“10+3”财长特别会议发布了《亚洲经济金融稳定行动计划》，主要内容包括争取在2009年5月“10+3”财长会议前就储备库的主要要素达成共识，并将储备库规模扩大为1200亿美元等。2009年5月的“10+3”财长会议就储备库的规模及份额分配、出资结构、贷款额度、决策机制、经济监测机制等主要要素达成共识，并宣告年底前正式成立区域外汇储备库。至此，清迈倡议多边化进程取得重大实质性进展，也标志着“10+3”框架下的东亚区域经济合作向前迈出了实质性的一大步。同时，“10+6”、“10+1”、中日韩等框架下的东亚区域经济合作也在快速推进。

原有的经济外交主要是以双边和多边为平台展开的，经济区域化的空前发展，各类区域经济合作组织的相继成立，又为经济外交提供了新的平台，从而逐渐形成双边、多边与区域等多个平台彼此补充、相互推进的完整体系。中国由于长期游离于区域一体化进程之外，很难充分利用区域组织作为有效平台来推进经济外交。而近期东亚经济区域化的快速发展，势必从三大层面大大拓宽作为主要成员的中国的经济外交平台：一是可借此推进对东亚地区的经济外交；二是可以此为依托来有效推进对多边国际经济组织的经济外交；三是可在此框架下发展与有关国家的双边经济外交。

（四）开放度提高凸现经济外交地位

20 世纪 70 年代末开始改革开放后，中国经济运行与发展的开放度开始不断扩大和提升。2001 年年底中国正式加入世界贸易组织，标志着中国对外开放进入了一个全新的历史时期。受此影响，中国经济开放度扩大与提升的进程空前提速。其主要标志，首先是外贸依存度的快速提升。如表2所示，中国按进出口贸易额占国内生产总值比重计算的外贸依存度在1978年只有9.7%，至2000年仍只有40.1%，而进入21世纪后开始快速提高，目前已达到60%左右，远远超过了世界主要经济大国的水平。目前美国和日本均只有20%左右。[①] 其次是引进外资的快速增长。中国实际使用外商直接投资在1985年仅为19.6亿美元，到2000年增至407.2亿美元，2009年更增至924.0亿美元。1978—2008年累计使用的外商直接投资达到8526.2亿美元。[②] 再次是中国在重要战略资源领域的对外依赖程度快速提高。预计到2010年，中国石油、铁、锰、铜、铅和锌等重要矿产资源的进口依存度将分别达到41%、34%、31%、72%、45%和53%。[③] 最后是中国企业"走出去"的步伐日趋加快。中国在进入21世纪后才正式提出"走出去"战略。在该战略提出之前，中国企业对外直接投资的规模很小，而此后却显现出快速增长的势头，尤其是2003年之后。在2000年、2001年和2002年，中国企业对外直接投资分别为5.5亿美元、7.1亿美元和9.8亿美元，2003年增至28.5亿美元，比上年增长190.8%；2004年增至55亿美元，比上年增长92.9%；2005年增至122.6亿美元，比上年增长122.9%；2006年增至176.3亿美元，比上年增长43.4%；2007年增至248.4亿美元，比上年增长40.9%；2008年更增至406.5亿美

① 参见［日］经济产业省：《通商白书》2009年，附表7。

② 国家统计局：《中国统计摘要2009》，北京：中国统计出版社2009年版，第179页。

③ 李钢、李俊：《迈向贸易强国——中国外经贸战略的深化与升级》，北京：人民出版社2006年版，第309页。

元，比上年增长 63.6%。2000—2008 年，中国企业对外直接投资增长了 72.9 倍，累计达到 1059.7 亿美元。[①]

表 2　中国外贸依存度的快速提升　　（亿元，%）

年　份	1978	1980	1985	1990	1995	2000	2005	2008
进出口总额（A）	355	570	2067	5560	23500	39273	116922	179764
国内生产总值（B）	3645	4546	9041	18718	59811	98001	184089	302854
外贸依存度（A/B）	9.7	12.5	22.9	29.7	39.3	40.1	63.5	59.4

资料来源：据国家统计局《中国统计摘要 2009》第 19、171 页数据计算。

进入 21 世纪以来，中国经济开放度提高如此之快，一方面意味着经济稳定发展越来越受到外部国际环境的影响和制约，从而越来越需要通过有效的经济外交努力营造稳定的国际经济环境；另一方面也意味着对外经济关系在整体对外关系中地位快速提高，经济外交在国家整体外交中的地位日趋重要，从而促使在经济领域不得不投入越来越多的外交资源。

（五）影响力增强提升经济外交能力

改革开放促成了中国经济的持续快速增长和国际经济地位的逐步提升。但在 20 世纪末之前的很长一段历史时期里，这一优势并未充分显现出来，从而也未能成为提升经济外交能力的坚实基

① 中国投资指南—外商投资统计，非金融类，商务部官方网站，http：//www.fdi.gov.cn/pub/FDI/wztj/jwtztj/t20090225 102490.htm。

础和有效手段，中国尚未具备“以经济促外交”的足够实力。其具体表现为：其一是在改革开放初的很长一段时期，中国接受了国际组织和发达国家的发展援助，而全力拿出资金用于对外援助，以实现必要的政治利益和外交诉求；其二是在大规模吸收外国直接投资的同时，无力开展对外直接投资。如从1979年到1993年，中国累计引进的外商直接投资总额达到635.9亿美元，而中国企业的对外直接投资累计仅有19.4亿美元，仅及外商直接投资的3.1%；[①] 其三是为加入GATT、IMF等国际经济组织，中国付出了巨大的外交努力，却难以有效利用这些国际经济组织为中国外交服务；其四是被长期排斥在许多重要的国际和地区经济组织之外，不能在这些国际经济舞台上实现中国的外交诉求和政治利益。

在进入21世纪尤其是在目前全球金融危机和经济衰退的背景下，中国经济持续快速增长的优势越来越凸显出来，在国际经济格局中的地位和影响力亦随之快速提升，从而大大提升了中国的经济外交能力，为实现国家利益和外交诉求提供了越来越坚实的基础和条件。其主要表现包括：（1）中国的经济实力及其在国际经济格局中的地位快速提升。如在改革开放初的1978年，中国的国内生产总值仅排在世界第10位，到2000年仍仅排名第6位，而2008年已升至第3位，且很快即会超过日本升至第2位。[②]（2）中国在全球贸易格局中的地位快速提升，在1978年仅排世界第29

① 参见李钢、李俊：《迈向贸易强国——中国外经贸战略的深化与升级》，第242—243页；国家统计局：《中国统计摘要2009》，第179页。

② 国家统计局：《中国统计摘要2009》，第216页。

位，2000 年已跃至第 8 位，目前更升至第 3 位。目前中国不仅是全球最大的商品生产和出口基地，而且也成为全球最大的商品销售市场。[①]（3）中国不仅早已成为世界上引进外商直接投资最多的国家，而且伴随企业“走出去”战略的实施，也越来越成为对外直接投资大国。从 2000 年到 2008 年，中国引进外商直接投资（实际使用金额）由 407.2 亿美元增加到 924.0 亿美元，而对外直接投资更由 5.5 亿美元猛增至 406.5 亿美元，8 年间增长了 72.9 倍![②]（4）伴随贸易投资持续大规模双顺差，中国不仅已成为全球第一大外汇储备国，而且超出第二位的日本一倍还多。截至 2009 年 6 月底，中国外汇储备已增至 21316.06 亿美元，二位的日本为 10191.75 亿美元。[③]

二

在准确把握上述机遇的同时，我们也必须清醒地认识到，国内形势与国际环境的深度变化，也使步入全新阶段的中国经济外交面临着多层面的问题与挑战。

---

① 国家统计局：《中国统计摘要 2009》，第 216 页。

② 中国投资指南—外商投资统计，商务部官方网站，http：//www.fdi.gov.cn/pub/FDI/wztj/jwtztj/t20090225 102490.htm。

③ 日本财务省官方网站 统计资料，http：//www.mof.go.jp/1c006.htm。

(一) 全球经济风险逐渐增大

20 世纪 90 年代以来中国经济的持续快速增长，在很大程度上得益于外部相对良好的国际经济环境。其主要表现包括：(1) 世界经济进入新一轮长周期扩张期，1991—2000 年，全球实际 GDP 年均增长率达到 3.1%，其中作为世界经济增长最大引擎的美国在“新经济”带动下，更达到 3.3%；(2) 在乌拉圭回合谈判成功(1993 年)、WTO 成立 (1995 年) 等因素推动下，国际贸易持续扩大，1991—2000 年，世界贸易的年均增长率达到 7.1%，其中作为全球最大市场的美国进口贸易同期更由 5083.6 亿美元猛增至 12593.0 亿美元，10 年间增长了 1.48 倍；[①] (3) 国际投资快速增长，跨国并购空前活跃，为全球经济增长提供了强劲动力。1991—1995 年和 1996—2000 年，全球 FDI 流入量年均增长率分别达到 17.1%和 36.5%，2000 年达到 15000 亿美元。[②] (4) 金融创新与自由化导致金融市场空前繁荣，全球股市大幅攀升。尤其是美国股市，到 2000 年年初道琼斯和纳斯达克两大指数一度分别升至 12000 多点和 5300 多点。(5) 资源能源价格长期稳定，为经济持续增长创造了有利条件。如从 1990 年到 2000 年，北海布伦特油价始终在每

① 国际货币基金组织：《世界经济展望》2009 年 4 月，第 189、204 页。[日] 内阁府：《世界经济的潮流》，2008 年春季号，项目别经济统计，表 14。

② 联合国贸易与发展会议：《2002 年世界投资报告》(冼国明总译校)，北京：中国财政经济出版社 2003 年版，第 2 页。

桶 25 美元以下的低位运行，最低的 1993 年只有 13.21 美元。[①]

然而，进入 21 世纪之后，中国经济持续稳定增长所面临的国际风险开始显现并日趋增大，其主要表现同样包括：（1）世界经济增长出现剧烈波动，尤其是 2007 年夏开始的新一轮周期衰退，到目前已创下战后世界经济周期波动的多项最坏纪录。2007 年全球实际 GDP 增长率曾达 5.2%，2008 年已降至 3.2%，整整下降了两个百分点，2009 年预计将出现 1.3%的负增长，其中发达国家的增长率更将降至-3.8%，均为战后历次衰退中最坏的。[②]（2）国际贸易增速放缓甚至出现大幅萎缩。如前文所述，1991—2000 年全球贸易增长率平均达 7.1%，而 2001—2010 年将降到 3.5%，下降一半以上，2009 年更将出现 11.0 的负增长。其中作为世界主要进口市场的发达经济体的进口增长率在 2008 年已降至 0.3%，2009 年更将降至-12.1%。[③]（3）国际投资与跨国并购波动剧烈。如上文所述，2008 年全球 FDI 大幅减少了 14.5%，2009 年更将减少 30%—40%。（4）金融市场剧烈动荡，先是网络泡沫破灭导致美国股市于 2000 年年初出现剧烈波动，从而导致全球股市出现深度调整。后是房地产泡沫破灭导致美国金融市场出现剧烈震荡，直至引发大型金融机构破产风潮，全球股市也随之出现暴跌。从 2007 年 10 月到 2009 年 3 月，美国道琼斯指数下跌了 48%，日本日经 225 平均股价下跌了 54%，欧元区股价指数下跌了 55%，英国 FT100 下跌了 43%，韩国综合指

① ［日］日本银行：《金融经济统计月报》，65 物价，2009 年 8 月 12 日。

② 国际货币基金组织：《世界经济展望》，2009 年 4 月，第 189 页。

③ 国际货币基金组织：《世界经济展望》，2009 年 4 月，第 204 页。

数下跌了43%。[①]（5）能源资源价格大幅波动，对全球经济增长造成严重冲击。如国际油价从2003年开始进入新一轮攀升周期，一般认为正在爆发第三次石油危机，且此次油价攀升幅度还明显超过了前两次，到2008年7月11日的历史最高点，WTI油价曾一度达到每桶147.47美元。

进入21世纪后尤其是近期国际经济风险的日趋增大，是摆在中国经济外交面前的严峻挑战和艰巨任务。在全球经济严重衰退、世界贸易明显萎缩、国际投资剧烈波动、金融市场动荡不安、能源资源价格大幅攀升的严峻形势下，通过经济外交为国内经济持续增长和结构优化营造必要的外部环境，尽量避免或减轻国际经济波动对国内经济造成过大冲击的难度空前增大了。

（二）对外贸易摩擦频繁爆发

如前所述，伴随中国经济开放度的空前提升，对外贸易在中国经济的持续稳定发展中发挥着越来越重要的作用。从总体上看，进入21世纪以来，中国对外贸易基本保持着良好的发展势头，但也存在一系列严重问题。其中最应关注的是：（1）对外贸易总体失衡日趋严重。如表3所示，中国对外贸易在20世纪90年代前始终维持着较大逆差，从1990年起虽开始出现顺差，但数额并不大，增速也

① 《主要经济指标》，日本外务省官方网站，2009年8月5日，http：//www.mofa.go.jp/mofaj/area/ecodata/pdfs/k shihyo.pdf。

不快。进入 21 世纪尤其是最近几年，情况开始发生变化，顺差规模开始快速增大，收支失衡日趋严重，从而越来越成为引发对外贸易摩擦的重要原凶。从 2000 年到 2008 年，中国外贸顺差由 241.1 亿美元猛增至 2954.6 亿美元，八年间增长了 11.25 倍，顺差额相当于进口额的比重同期也由 10.7%提升到 26.1%。（2）对主要贸易伙伴尤其是对美贸易严重失衡。按中方统计，2000 年中国对美贸易顺差为 280.8 亿美元，相当于由美进口的 1.07 倍，而到 2007 年中国对美贸易顺差已猛增至 1633.2 亿美元，相当于由美进口的 2.35 倍。[①] 而按美方统计，2008 年美国对华贸易逆差达到 2663.6 亿美元，相当于对华出口的 3.73 倍。从 2000 年起，中国即取代日本成为美国第一大逆差来源国，2008 年对华贸易逆差占到其逆差总额的 33.29%，即目前美国贸易逆差的三分之一来自中国。[②]（3）中国虽已成为外贸大国，但远未成为外贸强国，在外贸结构中低质廉价商品占有很大比重，极易造成低价倾销嫌疑。（4）人民币汇率形成机制虽已改革，但仍存有明显的不合理因素，结果是每当对外贸易出现摩擦时，逼迫人民币升值的压力就会增大。（5）WTO 新一轮贸易谈判举步维艰，贸易保护主义重新抬头，在全球经济衰退、贸易萎缩的当下更是如此。尤其值得关注的是，在近期主要国家推出的经济刺激对策中，均带有浓重的保护本国市场和企业的倾向。而在两次 20 国集团金融峰会等一系列重要国际场合，避免新贸易保护主

---

① 进出口统计快报，商务部官方网站，http：//zhs.mofcom.gov.cn/tongji.shtml。

② 国别贸易报告，美国，2009 年第 1 期，商务部官方网站，http：//countryreport.mofcom.gov.cn/record/qikan.asp? id=1132。

义更成为各国政要谈论的首要话题。

表 3　中国对外贸易失衡加剧　（亿美元）

年　份	1980	1985	1990	1995	2000	2005	2008
出口额	181. 2	273. 5	620. 9	1487. 8	2492. 0	7619. 5	14285. 5
进口额	200. 2	422. 5	533. 5	1320. 8	2250. 9	6599. 5	11330. 9
差额（出口—进口）	-19. 0	-149. 0	87. 4	167. 0	241. 1	1020. 0	2954. 6

资料来源：国家统计局：《中国统计摘要 2009》，第 171 页。

上述问题的存在并日趋严重所导致的直接结果之一就是面对中国的贸易保护主义空前恶化，中国越来越进入对外贸易摩擦的高发期。统计表明，中国已连续 10 多年成为全球遭遇反倾销调查最多的国家，调查案件在 1995 年为 20 件，2000 年增至 44 件，2005 年再增至 55 件，2006 年达到 71 件，而仅 2008 年上半年已达 37 件。其占全球反倾销调查案件总数的比重，已由 1995 年的 12. 7%提高到 2008 年的 43. 5%。[①] 在中国的外贸依存度空前提高的背景下，有效应对来自各类国家的贸易保护主义，有效化解呈日趋加重之势的国际贸易摩擦和争端，引导和推动全球贸易走上良性发展的轨道，越来越成为摆在中国外交面前的艰巨任务和严峻挑战，“以外交促经济”越来越成为关乎整体国家利益的迫切需求。

① 商务部官方网站，http：//www. mofcom. gov. cn/aarticle/subject/baohu/subjecte/200903/20090306084205. html。

(三) 国际金融失衡日趋严重

金融是经济命脉。伴随经济金融化的日趋增强，国际金融系统的均衡运行越来越成为影响乃至决定全球经济稳定发展的关键环节。20 世纪 90 年代以美国为中心的金融创新与自由化，曾为世界经济的快速增长创造了有利条件，同时也导致了一系列问题，国际金融危机从拉美到东亚的连续爆发即是明证。进入 21 世纪后，这些问题更呈日趋恶化之势，其主要表现包括：（1）国际收支失衡日趋严重。尤其是美国的经常收支失衡日趋严重，更成为近期国际收支失衡的集中体现。美国的经常收支赤字到 2006 年最严重时曾达到 7881 亿美元，相当于当年 GDP 的 6.0%，之后虽因经济衰退、进口萎缩而有所减少，到 2008 年仍达 6733 亿美元。与美国的巨额赤字形成鲜明对照，中国、德国和日本等国经常收支盈余急剧扩大，到 2008 年分别达到 4260 亿美元、2434 亿美元和 1574 亿美元。[①]（2）为平衡经常收支赤字，大量国外资金回流美国，导致美国的对外债务急剧增加，对外金融稳定受到严重威胁。2007 年和 2008 年美国的对外债务达到 20.4 万亿美元和 23.4 万亿美元，分别比上年增长 22.9%和 14.7%，相当于美国当年 GDP 的 1.48 倍和 1.65 倍![②]（3）与此同时，中国、日本等经常收支盈余国外汇储备急剧增加，到

① 《主要经济指标》，日本外务省官方网站，2009 年 8 月 5 日。

② 日本贸易振兴机构网站，http：//www. jetro. go. jp/world/n america/us/stat 01/。

2009年6月，仅中日两国即达31277.9亿美元。[①] 而这些外汇储备又以美元储备为主（约占60%—70%），并大量回流美国，其中大部分投资于美国国债。(4) 美国财政赤字和国债规模本就处于极高水平，在此次金融危机中为救济濒临倒闭的金融机构和其他企业，美推行规模庞大的经济刺激计划，又投入了大量财政资金，从而导致财政赤字状况空前恶化，政府债务急剧增加。预计2009财政年度美国联邦财政赤字将达1.84万亿美元，相当于GDP的12.9%![②] 同时，为刺激经济回升，美联储还连续降息，到2008年12月已降至0.0—0.25的超低水平。(5) 上述因素综合作用的结果，是世界主要货币汇率异常波动，美元对其他主要货币大幅贬值成为目前国际金融严重失衡的主要表现。如美元兑日元汇率从2007年7月到2009年1月的一年半中贬值了26.6%，兑欧元汇率从2007年7月到2008年7月的一年中贬值了15.3%。

上述国际金融失衡导致的一系列问题，也给中国经济外交提出了严峻挑战：(1) 中国成为国际收支盈余最多的国家，在平衡全球国际收支方面负有不可推卸的责任，若处置不当，既不利于全球金融稳定，也会影响中国经济的健康发展，因而需要中国通过有效的经济外交与世界主要国家一道妥善处理。(2) 当前国际金融失衡的核心问题是美国经常收支失衡，而中国是美国最大的贸易赤字来源国，美国又是中国最大的贸易盈余来源国，中美贸易失衡成为导致

① 《主要经济指标》，日本外务省官方网站，2009年8月5日。

② ［日］内阁府：《世界经济的潮流》，2009年春季号，第三章第一节。

中美两国自身经常收支失衡的重要因素，深受外贸赤字困扰的美国更是通过各种渠道要求中国采取措施增加美国商品进口，平衡美中贸易，这已成为中美双边关系中的核心问题，需要中国通过有效的外交途径妥善应对。在历次中美战略经济对话和2009年的首次战略与经济对话中，如何平衡中美双边贸易，始终是最重要的议题之一。2009年上半年，美国贸易赤字总额为2169.6亿美元，而对华贸易赤字则达1030.5亿美元，所占比重高达47.5%。[①]（3）受国际金融失衡的直接影响，人民币承受着巨大的升值压力，国际社会有舆论认为只有人民币大幅度升值，才能解决中国经常收支顺差过大从而有关国家尤其是美国经常收支逆差过大的问题，因而在许多外交场合，要求甚至逼迫人民币升值，已经成为中国经济外交必须面对的重要议题。实际上，近年人民币对世界主要货币已经大幅度升值，如人民币兑美元汇率自2005年迄今已经升值20%以上。（4）2009年首次中美战略与经济对话前后，国际社会广泛关注的重要议题之一，就是中国如何对待自己持有的大量美国国债（估计达7000亿美元左右）问题。这的确是对当前中国经济外交提出的严峻挑战，战略选择中的“两难”显而易见：如要避免持有风险和资产贬值损失，就应该停止增持甚至抛售，由此带来的可能是美国财政体系甚而整个国际金融体系的混乱，这是美方最担心的，中国亦将因此而受害；而如要继续持有甚至增持，则难以避免美国财政体系目

① 2009年1—6月美国货物贸易及中美双边贸易概况，商务部官方网站，http://countryreport.mofcom.gov.cn/record/qikan.asp?id=1612。

前面临的巨大风险和美元大幅贬值造成的资产损失。(5) 中国要解决目前国际收支失衡、外汇储备过多且持有风险过大和人民币升值压力等问题，可选择的战略之一是积极推进东亚区域金融货币合作，这同样需要中国经济外交在区域合作层面上付出不懈努力。(6) 最后，导致目前全球金融失衡的关键问题之一，是国际货币基金组织等国际金融机构越来越不能适应快速变化的国际金融格局，必须进行彻底改革，而中国如何在改革中尽量体现自身的利益和意愿，无疑也是对目前及未来中国经济外交的严峻考验。在 2009 年 4 月的 20 国集团伦敦峰会上，已可明显看出关于国际金融体系和国际货币基金组织的改革，是多么需要包括中国在内的世界主要国家的外交智慧。

(四) 能源资源瓶颈再度凸显

从 2007 年 4 月到 2008 年 4 月这一年中，国际市场原油价格上涨 76.2%，铁矿石、煤炭、小麦和大米价格分别上涨 66.0%、104.7%、121.7%和 215.1%。[①] 近年来国际市场能源资源价格如此急剧攀升，越来越凸显出能源资源安全对各国经济发展的重大战略意义，对中国尤其如此。国际市场能源资源价格急剧攀升对中国的战略性影响，至少体现在以下几大层面：(1) 中国经济始终保持着远远高于世界平均水平的增长速度，即便假定其能源资源使用效率

---

① [日] 经济产业省：《通商白书》，2008 年，第 19 页。

达到世界平均水平，也必然会导致对能源资源需求量的急剧增长。2001—2008 年，中国的实际 GDP 年均增长率高达 10.2%，比全球平均水平高出 6.3 个百分点。[①]（2）实际上，由于产业结构调整迟缓和生产方式转变滞后等方面的原因，中国目前的能源资源使用效率仍与世界先进水平存有巨大差距，这又进一步加大了经济增长导致的能源资源需求量的快速增长。据国际能源机构测算，目前中国单位 GDP 能耗相当于世界平均水平的 2.4 倍，更分别相当于日本、欧盟和美国的 7.9 倍、4.4 倍和 4 倍。[②]（3）中国经济持续快速增长导致人均收入水平快速提高，城市化进程不断提速，结果必然是人均能源资源消费量快速增长。从 2000 年到 2008 年，中国人均 GDP 由 7858 元增至 22698 元，八年间增长了 1.9 倍。[③]（4）上述三方面因素综合作用的结果，必然是中国能源资源需求量的快速增长。而当国内能源资源生产/供给量的增长赶不上需求/消费量的增长时，必然是进口量的快速增长，对国际市场的依赖度快速提升。由表 4 可知，1990 年中国的能源供求尚自给有余，到 1995 年自给率已降至 95.4%，到 2007 年更降至 88.6%。与之相应，中国能源的进口依存度亦由 1995 年的 4.6%上升至 2007 年的 11.4%。这只是能源供求变化的总体态势，其中石油供求情况要严峻得多。此外，一些重要矿产品的供求也大致呈同一态势。如上文所述，预计到 2010 年石油、铁、锰、铜、铅和锌等重要矿产资源的进口依存度将分别达到

---

① 国家统计局：《中国统计摘要 2009》，第 23 页。

② ［日］经济产业省：《能源白书》，2009 年，第 63 页。

③ 国家统计局：《中国统计摘要 2009》，第 20 页。

41%、34%、31%、72%、45%和53%。从1990年到2000年，中国初级产品进口由98.5亿美元增至467.4亿美元，十年间增长了3.75倍。而到2008年更增至3627.8亿美元，2000—2008年八年间增长了6.76倍。[①]

表4　中国能源越来越依赖国际市场　（万吨标准煤，%）

年　份	1990	1995	2000	2005	2006	2007
A. 国内生产量	104844	132616	128978	205876	221056	235415
B. 国内消费量	103783	138948	138553	224682	246270	265583
C. 国内自给率=A/B	101.0	95.4	93.1	91.6	89.8	88.6
D. 进口依存度= 1-C	-1.0	4.6	6.9	8.4	10.2	11.4

资料来源：国家统计局：《中国统计摘要2009》，第145页。

中国能源资源供求态势的上述变化，至少从两大方面对中国经济外交提出了严峻挑战。一方面，通过必要的外交途径确保中国能源资源稳定供应的难度越来越大，任务越来越艰巨。实际上，近年中国企业为开拓海外能源资源生产基地所遇到的经济障碍，足以说明多么需要有效的外交支持。2005年中海油收购优尼科、2009年中铝收购力拓等案例，均可说明中国能源资源外交所遇到的挑战是多么严峻。另一方面，中国在经济崛起过程中越来越受到“能源威胁论”“资源威胁论”“粮食威胁论”等不同版本的“中国威胁论”的损害，从而越来越需要通过外交途径营造良好的国际舆论环境，提升中国的软实力。国际能源机构（IEA）的一项分析即认为，在

① 国家统计局：《中国统计摘要2009》，第170页。

2005—2015 年，全球石油需求增长的约 1/3、煤炭需求增长的约 4/5 是因中国和印度两国的需求增长所至，因而未来世界经济增长遭遇的能源瓶颈，也要在很大程度上归因于中印两国，尤其是中国。

(五) 气候环保压力空前强化

与上述在能源资源领域面临的挑战直接相关，气候环保压力的日趋强化也是目前中国经济外交面临的严峻挑战。在 2009 年几乎所有的重要外交场合，都或多或少地论及气候环保议题。全球气候持续变暖及其造成的极端天气事件频繁爆发，越来越成为人类社会生存和发展的最重要的环境问题，从而越来越引起国际社会的广泛关注。造成全球气候持续变暖的主要原因是，伴随经济社会发展、生产和生活方式变化，人类活动排放出的温室气体日趋增多，因而控制和减少温室气体排放即成为阻止和延滞全球气候持续变暖的必要举措。这显然不是仅靠一个或少数几个国家的努力就能够做到的，必须依靠全球各国尤其是主要经济大国的共同努力。但由于控制和减少温室气体排放需要改变生产和生活方式，需要将社会经济发展控制在与气候环境相适应的水平，因此需要投入大量的资金、技术，并在一定程度上减缓社会经济发展速度。这就引发了在全球气候环保领域的国际公平问题，必须通过有效的外交谈判来解决。造成目前全球气候变暖的主要原因，是以往 200 多年的近代经济增长和工业化生产方式、城市化生活方式，西方发达国家必须承担更多的责任和义务，因为它们是以往发展的最大受益者。但广大发展中国家的经济崛起，又可能是未来全球气候变暖、环境恶化的主要问题所在，因而发展中国家也必须加入到控制和减少温室气体排放、阻止和延滞全球气候变暖的国际合作中来，为此必然要在一定程度上牺牲它们的发展利益。因此，气候问题实质上是减排义务与发展权益的国际均衡问题，必须通过有效的外交谈判来解决。以往有关气候环保国际谈判的主要成就是《京都议定书》（2005 年生效）但其参加范围、减排力度、约束能力、实施效果等都存在明显问题，尤其是其有效期只能到 2012 年。目前，国际社会尤其是主要大国和国际组织都在紧锣密鼓地为 2009 年年底召开的哥本哈根会议进行外交斡旋，此次会议将决定 2013 年后气候环保国际合作的基本走向，也在一定程度上直接决定着控制和减少温室气体排放、阻止和延滞全球气候变暖、确保人类社会可持续发展的未来。

全球气候环保合作的形势变化，同样给中国经济外交提出了严峻挑战。中国是世界大国，经济正在快速崛起，从而也是全球排放大国，必须承担减少温室气体排放的应有义务；同时，中国还是发展中国家，面临着促进发展、消除贫困的艰巨任务，人均排放量仍远远低于世界平均水平，因而也必须维护自身的发展权益，不能承担过多的减排义务；中国还是具有重大国际影响力的国家，具有参与气候环保国际规则制定与监控、维护各类国家在减排义务与发展权益之间的国际均衡等方面的能力和责任。这些都是摆在中国气候环保外交方面的艰巨任务。关于年底的哥本哈根会议，中国外交部气候变化谈判特别代表于庆泰日前公开表示，要通过外交努力达到三方面的目的：一是要确定发达国家在《京都议定书》第二承诺期里应该承担的大幅减排指标，并确保未批准《京都议定书》的发达国家承担与其他发达国家具有可比性的减排承诺；二是要做出有效的机制安排，确保发达国家根据《联合国气候变化框架公约》和“巴厘岛路线图”的规定，向发展中国家提供资金、技术转让和能力建设方面的支持和帮助；三是发展中国家在得到资金、技术和能力建设支持和帮助的情况下，在可持续发展的框架下，根据各自国情采取适当的减排行动。①

中国政府和社会各界高度重视自身的节能环保事业并取得了巨大成就，这为中国积极推进气候环保外交、全力参与国际气候合作奠定了坚实基础。尤其是中国政府于2007年正式公布了《应对气候变化国家方案》，提出到2010年要实现单位GDP能耗比2005年降低20%的目标。仅此一项即可减少二氧化碳排放15亿吨，平均每年减排3亿吨。对此，于庆泰评价道：这个数字说明，同世界上其他国家包括发达国家的减排努力以及所实现的实际减排量相比，中国的努力和成就跟任何国家相比都不逊色。但是，中国在发展节能环保事业、维护全球气候稳定方面做出的努力并没有得到国际社会的应有认可，甚至受到越来越多的无端指责，中国“气候威胁论”甚嚣尘上，要求甚至压迫中国承担超出自身能力的减排义务。如何有

① 丁大伟：《外交部气候变化谈判特别代表举行中外媒体吹风会》，《人民日报》2009年8月6日，第3版。

效化解这种压力，为中国经济持续快速增长营造良好的国际舆论环境，也是中国经济外交面临的严峻挑战。

三

综上所述，步入全新阶段后，中国经济外交既面临着前所未有的新机遇，也面临着空前严峻的新挑战，能否紧抓机遇、直面挑战，积极调整经济外交战略和政策，对于确保战略机遇期中国经济社会的平稳发展和多层面战略目标的顺利实现，具有决定性意义。受水平和篇幅所限，本文无力就全新阶段中国经济外交应该进行的战略调整与政策创新进行全面、深入的探讨，只拟提出以下初步思路。

（一）提升地位

在改革开放前的很长一段历史时期内，中国外交始终是以政治和安全为主体的，经济外交基本处于附属和边缘地位，以致无论在观念上，还是在现实中，外交就成了单纯的政治外交或安全外交。这种状况一直延续到20世纪70年代末中国开始改革开放前后。而到20世纪80年代以后，国内外形势的深刻变化促使中国外交越来越关注经济利益，越来越重视经济职能，越来越利用经济手段，经济外交在中国外交格局中的地位随之逐步提升。而到目前的全新阶段，面对上述机遇与挑战，必须进一步提升经济外交在中国总体外交中的地位，促使其越来越由边缘进入核心，由附属升至主体。

（二）优化结构

在改革开放前的很长一段历史时期内，经济与外交基本处于相互隔离的状态，先是片面追求外交目标而不惜牺牲经济利益，后是片面追求经济利益而难以兼顾外交诉求。而到目前的全新阶段，中国经济外交必须且能够尽快形成经济与外交密切融合、良性互动，经济利益与外交诉求同时并重的新局面。一方面，伴随总体经济实力的增强，中国经济外交已具备在兼顾经济利益的同时，提升国际地位，实现外交诉求，保障安全利益，扩大政治影响，“以经济促外交”的能力。另一方面，伴随对外经济关系在中国经济运行与发展中地位的提升，保持对外经贸关系的稳定发展，确保资源与市场的稳定供应，应对来自国外的贸易、资源和技术保护主义，解决呈日趋加重之势的国际经济摩擦和争端，越来越成为摆在中国外交面前的重大任务，“以外交促经济”越来越成为关乎整体国家利益的迫切需求。

（三）扩展对象

在新中国成立后的很长一段时间内，中国经济外交具有明显的对苏“一边倒”特征。20 世纪 50 年代末，中苏关系开始恶化，中国经济关系和经济外交中的对苏“一边倒”时代随之结束。与此同时，中国经济外交不得不开始转向打破西方的经济制裁和封锁禁运，发展与西方国家的经贸关系，并以外援为中心扩大与亚非拉落后国家的经贸往来。在此背景下，中国对外经济关系开始由“一边倒”逐步向多元化转变。改革开放尤其是到 20 世纪 90 年代后，伴随中国对外开放的全面展开和经济全球化的快速进展，中国对外经济关系和经济外交的对象不断扩展，越来越具有面向世界各个国家和地区的“全方位”特点。其中最应关注的是，必须高度重视东亚在中国经济外交格局中的战略地位。其主要原因在于，东亚在中国对外经济关系中占据突出地位。如在 2007 年中国对外直接投资总额 265.1 亿美元中，东亚所占比重高达 56.2%，达到 148.9 亿美元。而截至 2007 年年底，在中国对外直接投资累计总额 1179.1 亿美元中，东亚占到 64.5%，达到 760.8 亿美元。①

(四) 扩大领域

在改革开放前的很长一段历史时期内，中国经济外交始终集中于极少数领域，对外交流的线条或渠道极为单一。在改革开放之后，中国经济外交涉及的领域开始逐步扩大。其主要表现是在继续扩大援助外交的同时，对外贸易领域的经济外交开始快速发展，学

① 据商务部等《2007 年中国对外直接投资统计公报》表 7、表 8 数据计算。

习和引进国外先进技术、管理经验和体制模式开始成为中国经济外交的重要领域，之后开始推进引进外资相关领域的经济外交。在目前的全新阶段，中国经济外交在扩大领域方面最应关注以下几点：(1) 气候环保外交在中国经济外交乃至总体外交中的地位和重要性空前提升，经济快速增长而结构调整滞后的中国需要为此付出巨大的外交努力；(2) 在企业“走出去”方面，越来越需要中国外交为企业跨国并购提供必要的战略运筹、战术支持和实务协助；(3) 在对外贸易领域，最需要中国经济外交助力的应是缓解和应对反倾销、反补贴、特保调查等贸易摩擦，消除西方国家对华技术贸易限制，力争市场经济地位，积极推进 WTO 多哈回合谈判并在其中尽可能体现自身的利益和意愿等；(4) 在国际金融领域，中国经济外交的主攻方向应是提升中国在 IMF、世界银行等国际经济组织中的地位和发言权，全力推进以“10+3”为主要框架的东亚金融合作，化解和应对人民币升值压力；(5) 而从总体上看，在中国经济快速崛起的过程中，如何化解和消除各种形式的中国经济威胁论，则是摆在中国经济外交面前的一项长期和艰巨的任务。

(五) 完善层次

双边、区域和多边同属中国经济外交的不同层次，且在各层次之间还存有非常密切的互动关系，应该统筹兼顾、同步推进。但在很长的历史时期里，双边层次始终在中国经济外交中占据主导地位，而对区域层次的经济外交却未能予以足够关注。其主要表现是，直到20世纪90年代以前，中国从未参加过任何区域经济合作组织，长期游离于全球区域经济合作进程之外。尽管20世纪80年代之后，中国经济外交长期倚重双边的格局开始出现调整，但主要表现也是开始关注在多边层次与国际经济组织的经济外交，为尽早加入GATT/WTO、IMF等国际经济组织，并在其中发挥重要作用，争取更多利益付出了巨大的外交努力，而并未积极参与到区域经济合作之中。在目前的全新阶段，中国经济外交必须在继续重视双边、多边层次的同时，进一步加大在区域层次的投入，进一步形成和完善双边、多边与区域并重的新格局。

（六）调整战略

在改革开放后的很长一段时间里，在中国经济外交中占据主导地位的始终是所谓“引进来”战略，包括从国外引进资金、技术、人才、设备、经济体制和管理经验。有三大特点尤为引人瞩目：一是通过大规模引进外国直接投资，并以此为载体引进西方先进技术和经营方式，而未能或很少进行对外直接投资；二是学习和引进西方现代市场经济体制和管理方式，包括“日本模式”“美国模式”“北欧模式”等，而不可能反向输出“中国模式”；三是只能被动顺应由美国等西方发达国家主导、以WTO、IMF为框架的国际经济规则，而不能作为重要经济大国主动对国际经济规则施加应有影响。

而到目前的全新阶段，伴随中国经济的持续快速增长、经济实力的快速增强和国际经济地位的快速提升，中国开始进入在继续坚持“引进来”战略的同时，积极推进“走出去”战略的引进来与走出去并重的新阶段。与上述三大特点相对应，目前中国经济外交中的“走出去”战略，也应主要包括三大方面：一是通过扩大对外直接投资，积极推进中国企业“走出去”；二是向国外推广“中国模式”，推广中国经济快速增长和稳定发展的成功经验，提升中国“软实力”；三是积极争取在 WTO、IMF 等国际经济组织和 20 国集团峰会、“G8+5”等国际经济机制中的话语权，主动参与和影响国际经济规则的制定和实施。

第四章　复杂系统思维的整体观与中国外交战略规划*

王　帆**

复杂系统思维是20世纪三四十年代形成的系统思维的深化与发展。复杂系统思维强调认识对象的复杂性、整体性、相关性、联系性和互动性，主张从系统全局的角度认识和把握问题。它超越了过分注重细节与局部的认识局限，其核心就是整体观。系统的整体观的主要观点包括以下三点：

第一，部分不能等同于整体。复杂系统的属性不能够从其组成部分独立具有的属性中推断出来，对于局部的、要素的认识不能等

---

* 本文系北京市社科规划办项目“复杂系统思维与中国外交战略规划”的阶段性成果。感谢《世界经济与政治》杂志匿名审稿专家对本文提出的建设性意见，文中疏漏与不足由笔者负责。

** 王帆，外交学院副院长、教授、博士生导师。本文原载于《世界经济与政治》2013年第9期，第145—154页。

同于整体的认识，不能夸大局部的作用。整体观强调从整体中把握局部，整体不是组成要素的集合，整体是非集合，整体中不再有部分与要素，整体无法通过简单分解与还原其要素而得到认识。系统的整体观要求我们既需要从个体的视角来把握细节和深入了解特点，也需要从整体的视角来审视局部。局部的意义有时要通过整体的层面才能够真正理解与把握。

第二，整体具有非加和性。整体是由部分组成的，部分是整体存在的基础和前提，但整体不一定等于部分之和，它可以大于或小于部分之和。整体既可以形成一加一大于二的系统效应，也可能由于系统的约束与整合不力而出现整体小于部分之和的结果。这里的关键在于不能简单地或想当然地相信整体等于部分之和，而是需要关注到整体并非简单地等同于部分之和。同时，系统是否能够有效运行与组成部分密切相关，如果组成因素没有很好地协调，则整体效应反而不如部分。

第三，如果忽视部分与整体的关系，将可能导致漠视个体的现象出现。以个体代替整体，将多样化的个体简单地视为一个整体也是错误的。同时，部分中有整体，不涉及部分的整体是空洞的。只有注重部分与整体的有机结合，才是我们认识和分析事物的关键。

虽然国际关系研究也强调整体主义和层次分析，但在实际运用之中往往陷于国家至上的分析，导致对于形势总体判断的失误。同时，在国际关系研究中也往往出现简单加和的惯性思维，对于事物整体不同于局部的观点重视不足、分析不透，比如目前对于全球化意义的认识、对于国际组织效能和局限性的认识都不够准确。这些都需要借助于复杂系统思维强调的整体观来加以充实和提升。整体观思想对于国际关系研究具有一定的启示意义。我们可以尝试借鉴复杂系统的整体观的观点来补充和丰富国际关系的诠释和分析能力。

一、整体观与国际关系研究

人类社会是有组织的复杂系统。许多问题的解决涉及多数国家，涉及交叉领域，必须以系统整体观才能加以解决。毛泽东在《中国革命战争的战略问题》一书中指出："因为懂得了全局性的东西，就更会使用局部性的东西，因为局部性的东西是隶属于全局性的东西的。"[①] 邓小平讲："要提倡顾全大局，有些事从局部看可行，从大局看不可行；有些事从局部看不可行，从大局看可行，归根到底要顾全大局。"[②]

第一，整体观有助于我们对国家战略的把握。在研究国际政治时，不能孤立地分析一个国家的内外政策，而必须将其置于国际政治这一整体框架之中，否则就会陷入部分至上的误区。我们制定或分析一个国家的对外战略也不能囿于某一个层面或某一狭小区域的

---

① 中共中央文献编辑委员会：《毛泽东选集》（第一卷），北京：人民出版社 1991 年版，第 175 页。

② 中共中央文献编辑委员会：《邓小平文选》（第二卷），北京：人民出版社 1994 年版，第 82 页。

局限，而应该具有更加宏大的视野。

2011 年美国的亚太“再平衡”战略出台后，美国官方和学界人士相继表示，美国把亚太地区作为重心，将会极大地改变美国原有的全球战略。[①]但是也有人认为，不应过分强调美国战略的地区均势的目的，其实它还有全球平衡的需要。[②] 亚洲只是美国全球战略中的一个部分。罗伯特·卡根（Robert Kagan）认为，“每次奥巴马政府试图向亚洲转移时，中东地区就把它拽回来——这个世界不再是简单地划分为一个个泾渭分明的地区，即便曾经如此。中东地区发生的事情会影响世界，就像亚洲的事情会影响世界一样。不管美国从哪里获取石油，全球能源价格都会因为中东的石油是否自由流动而受到影响，美国在欧洲和亚洲的盟友也仍然仰仗中东作为主要来源。如果伊朗获得了核武器，不仅会影响中东地区，还会影响全球的不扩散机制。”[③]

卡根还认为，当前的世界秩序是不可分割的整体，需要同样整体的全球战略来维系这一秩序。美国必须同时对欧洲、亚洲和中东三个重要区域保持介入并提供保障，现在这些区域在经济和战略上的内部关联都比以往更加紧密。美国在给予一个地区比如亚洲关注

---

① 倪峰：“美国重返亚洲及其评估”，http：//ias. cass. cn/show/show_ project_ ls. asp?id=1543。

② 王帆主编：《美国对华中长期战略研究》，北京：世界知识出版社 2012 年版，第 384 页。

③ Robert Kagan，“United States Can't Pivot Away from Middle East，” http：//www. wpost. com/opinions/Robert-kagan-us-cant-ignore-middle-east/2012/11/20/a2b4ede0-3331-11e2-bfd5-e202b6d7b501_ story. html.

的同时，不能贬低另外两个地区的重要性。①

同样，一个国家制定对外政策时如果仅依据一国内政或意识形态的需要，也会由于整体观的缺失而出现政策或战略的失误。冷战的最大问题在于对世界进行分割和阵营划分，人为制造对立与分裂，贬低了世界整体的意义和作用，从而使冷战双方都受到重大损伤。

第二，整体观有助于我们把握国际形势的宏观变化趋势。这里的关键是避免将局部因素或国家层面的问题等同于国际整体趋势的变化。局部的简单加和不等于整体。世界是一个整体，国家是其组成部分之一，世界整体的趋势不因某个国家的意愿而改变。系统能够影响要素的性质，但局部行为可预见并不导致整体行为可预见，也就是说，对于国家的预见不能等同于对国际整体趋势的判断。国际形势中，一些主要大国固然会发挥重要的作用，但并不能将主要大国的战略转变简单等同于国际格局的转变。

从系统观的角度看，我们完全可以得出结论：单元的改变未必带来系统的转变。有可能出现单元改变，而系统未变的情况。换句话说，国家特性的转变并不一定能够带来国际环境的转变，国家变迁并不一定带来国际体系的变化，国家实力壮大或缩小的意义非比从前。单元层次和国际层次显然存在互动关系，但并非同步转变。当单元层次出现改变时，国际层次未必马上出现变化，甚至还可能

---

① Robert Kagan, "United States Can't Pivot Away from Middle East," http: //www.wpost.com/opinions/Robert-kagan-us-cant-ignore-middle-east/2012/11/20/a2b4ede0 - 3331 - 11e2 - bfd5 - e202b6d7b501_ story. html.

在很长一段时间内维持稳定。这表明国际系统有其自身整体性。无论国家实力上升还是下降，无论是美国相对衰落还是中国崛起，单一国家改变秩序的能力均不能与以往时代相提并论。它们各自对于国际社会整体的意义都相对下降。稳定国际秩序的因素不容忽视，例如，制度本身的制约、核恐怖平衡的客观制约、西方社会价值观念和制度的拓展还有联盟网络的扩大都在一定程度上超越着单个国家的作用或制约着兴衰的外溢后果。大国支配资源的能力虽未下降，但支配事件过程和结果的能力下降了。国家对于国际体系的作用已经下降了，因此，我们对于整体和系统的关注应该大于对于国家实力消长的关注。

从整体上看，国家的作用在减弱，因而，国家力量的消长对于国际体系的作用大不如前。国际体系有其自组织性，不是由国家兴衰而决定的。①

我们应该从国际体系构成因素的总和出发来分析国际体系，同时应该将体系内的国家和非国家行为体以及它们之间的相互作用综合起来加以考虑。全球化也不仅仅是国家相互联系的增强，全球化是国际体系的综合性和趋势性演变。

第三，整体观有助于我们认识国家关系变化组合的系统效应。整体大于部分之和，整体也异于部分之和。国家的组合带来了复杂

① 肯尼思·华尔兹（Kenneth N. Waltz）对该问题有过深刻论述，他指出："霍夫曼坚信，一旦构成系统的单元发生了重大变化就必须宣布又有一个新的系统诞生了！而事实是国家变化不一定影响系统结构，如果国际结果的变化直接与行为者的变化相连，那么又如何解释尽管行为者发生了变化但类似的国际结果却依然存在甚或一再重现呢？"参见肯尼思·华尔兹：《国际政治理论》（信强译）。上海：上海人民出版社 2003 年版，第 65、87 页。

的结果，一个结盟的国家不同于一个不结盟的国家，在责任与权利方面都是不一样的。一个结盟的国家重新成为一个不结盟的国家或加入另一个联盟体系之中，这个国家的行为与新联盟体系的性质和状态都会随之产生许多不同。一个在体制内的国家不同于体制外的国家，遵守规范或规范认同的程度大不一样，责任意识和权利意识也很不相同。正像国家之和不等于联合国，全球化也不等于国家间普遍合作。“国际体系的概念表达的是这样一种观念，即世界不只是其各个部分（比如各个国家）的总和，也不只是这些不同部分之间互动过程的总和。国际体系的思想还相信，在该体系的行为体中间存在着普遍的行为模式。”[①]由此，国家的组合会带来复杂的结果，比如北约东扩、欧盟一体化进程、二十国集团（G20）合作新平台这些均不是简单的国家复合体，而是可能带来持续变动的复杂系统效应。

同时，我们还应该从全球化这一整体系统来分析全球化浪潮中的国家间关系。如果仍然以对立的、分割的冷战思维来分析国家间关系，就会漏掉相互依存这一重要的基本前提，对于国家间关系的竞争与合作的变化、对于国家间关系的辩证复合性的认识就会走偏，从而无法对全球化相互依存背景下的新型国家间关系给予正确的、敏锐的把握。

整体在一定程度上是包容无序的，同时整体又在促进有序的产

---

① 约翰·罗尔克编：《世界舞台上的国际政治》（第9版）（宋伟等译），北京：北京大学出版社2005年版，第36页。

生和发展。国家间在信息时代普遍加强了沟通能力，大国间普遍增强了协调能力，国际组织的约束力增大。没有一国可以超脱于世界的整体变迁之外。世界上多数国家达成的共识是：整体好，各国均受益。因此，应该努力设法维护整体，维护好国际社会的总体稳定。

现代国家是无法完全孤立于现代体系而存在的，国家与国际体系就像整体与部分的哲学关系那样具有特殊的互动关系：国际体系是由各个国家的行为驱动的，而这些国家在体系中的参与受到各自不同动机、目标的影响，同时也受到国际体系的约束。

在全球性问题增多的情况下，不仅需要国家层面的合作，也需要更多发挥国际体系层面和国际组织的影响力。在国际体系和人类共同利益的影响下，国家不可能完全自行其是；而是受到系统的强力制约，系统整体对国家行为的规范性的要求越来越高，越是融入国际体系的国家其行为所受到的规范性约束越强。

过分从国家层面看问题，就如同在系统中只注重具体和局部的组成因素一样，将无法把握系统整体的性质和趋势，在思维观上仍是还原论思维。正如巴里·布赞（Barry Buzan）在评论现实主义时所讲到的，“新现实主义只是制造了国家的一个层面：大国和其他国家”。①

① ［英］巴里·布赞：《美国和诸大国：21 世纪的世界政治》（刘永涛译），上海：上海人民出版社 2007 年版，第 40 页。

第四，整体观有助于改善世界不合理的分割局面。当今世界仍处于不合理的分割状态之下。有学者指出，21 世纪的世界在技术上和经济上是一个统一的体系，而在政治上和文化上是一个分裂的世界。[①] 这个世界仍是一个处于分化状态的整体。美国的金融危机迅速演变为国际金融危机。这场危机的出现也印证了当今世界在经济上处于全球化而政治上仍处于分散化或地区化的现实。因此，在分析整体时必须注意到分割的现实，研究这种分割对于整体的影响。对于分割现象的研究不仅是为了减少人为划分的错误，更在于强化整合和推动相互联系。

从另一个角度看，国家应该积极融入国际体系之中。自我封闭的国家无法成为国际社会的正常行为体。国家如果与外界社会割裂，在国际社会中处于孤立状态，不与其他国家互动与交往，也就不再是国际体系中的有机组成成员和有效成员了。

从人类社会整体来看，国家凝聚力之外的全球凝聚力将决定人类命运的未来。看待未来变化趋势的一个重要标准在于人类的凝聚力而非仅仅是国家凝聚力的强化，仅有国家凝聚力是远远不够的。日益严峻和迫切的共同威胁将促使人类强化密切的合作。这些共同威胁的紧迫性与严重性已经远远超出国家间的那些传统威胁。

---

① 苏国勋等：《全球化：文化冲突与共生》，北京：社会科学文献出版社 2006 年版，第 372 页。

二、整体观与中国外交的战略规划

孟子云："大而化之谓之圣。"以整体观规划中国外交与中国传统文化一脉相承。东方文化相对于西方文化首先表现为两种不同的思维方式：整体观取代部分至上，有机联系取代分割视角。中国的数千年历史使得中国具备了其他大国很少有的大历史观，善于从宏观的角度来看问题，也往往能够从长远的角度来考虑长远的问题。因此，在处理问题时也更有耐心。[①]

中国传统文化中有四海一家的思想。当前，国际格局更加复杂，重大危机具有全局性影响。整体性要求人类寻求更大的联合，因为整体的威胁远远大于局部的威胁。人类面临的共同挑战也越来越多。自然生态政治和全球政治生态的分量上升，许多问题已经超出了国别政治。中国政府提出扩大利益共同点、构建利益共同体是远见之举。中国共产党第十八次全国代表大会报告提出：人类只有一个地球，各国共处一个世界。[②] 这进一步强化了人类命运共同体、利益共同体的概念。

多边治理与中国传统思维理念也是相吻合的，中国传统思维

---

① 郑永年：《当代中国外交的文化地缘环境》，《联合早报》2012 年 2 月 7 日，http://www.zaobao.com/fprum/expert/zheng-yong-nian/story20120207-56818。

② 参见胡锦涛在中国共产党第十八次全国代表大会上所作的报告："坚定不移沿着中国特色社会主义道路前进为全面建成小康社会而奋斗"，新华网，2012 年 11 月 8 日，http://www.xj.xinhuanet.com/2012-11/19/c_ 113722546.htm。

“更着重事物彼此之间的关系而不是归结于组成它们的基本材料”。中国哲学强调事物之间的相互关联、相互作用，认为事物绝不可能孤立存在。这是一种有机观念。有机观念是中国古代系统思想极为重要的观念。李约瑟（Joseph Needham）则将中国的有机观念称为“关联式的思考”或“联想式的思考”。[①]有机概念强调的整体框架下的联系思维对于丰富和拓展多边外交和多边治理具有重要指导意义。

中国传统文化强调在处理问题时要有登高望远的心境和超前的意识。孔子讲，“登东山而小鲁，登泰山而小天下”。中国外交理论是和平合作理论，是把人类共同威胁置于首位、而不是把他国威胁置于首位的理论。中国的政策是全局的、高远的、多层次的。中国外交战略不树国别敌手，不把国别层次的威胁放在首位，这是中国和平发展战略与一些国家战略的根本不同。中国一直强调非传统安全威胁是当今世界的重要威胁，也是人类必须共同合作加以应对的威胁，正是在这一迫切的更为危险的威胁面前，国与国之间必须协同为一个共同的整体。而对于共同威胁的应对和处理，中国也是强调标本兼治，而不是外科手术式的“头痛医头、脚痛医脚”。

复杂系统整体观对于中国外交战略的制定具有重要的指导意义。整体观所倡导的总体视野、统筹兼顾、综合协调正是大战略制定必不可少的思维要求。

中国的外交战略必须从综合整体的角度加以谋划，重长放远，

① 参见黄金南等：《系统哲学》，北京：东方出版社1992年版，第64页。

克服仅仅重视短期效益或见效快的局部行为的做法；纠偏促全，强化整体的均衡的发展。在发展的规划中既要有所侧重，要有牵头的领域，但也要注意保持合理的均衡发展，保持系统效应的有效呈现。中国的崛起是规模崛起，是有规模效应和系统效应的。任何从单一因素来理解中国崛起意义的尝试都是不全面的。中国的崛起不仅仅是经济崛起，而是包括政治、文化、科技、军事等在内的综合崛起。这里必须强调综合国力的概念。综合国力，是国际竞争力的关键。

中国外交必须为国家未来的全面、均衡发展做出更多贡献。谋划在先、苦练内功、统筹资源、协调局部是关键。中国外交应充分调动积极性，运用好中国特有的举国体制优势。如何更好地做到统筹兼顾成为中国外交战略决策具有时代意义的话题。

转型期的中国大国外交战略尤其需要注重从整体观看问题，避免囿于局部思维的局限。在全球化时代，中国作为一个大国，不仅对自身负有责任，同时也在更大范围内负有责任。转型期的中国外交也是树立中国全球战略的过程。未来的中国外交战略应更加强调全球性，战略设计要特别注意全方位覆盖。

改革开放的历史是中国融入世界的历史。融入世界的进程拓展了中国的发展空间，也强化了中国对于世界整体的责任。改革开放以后，中国外交的一个重要转变是学会了用整体观看世界，不再以意识形态划界，不再分裂地看世界。中国已经成为世界发展趋势的主要变量。相互依存和中国融入国际体系改变了中国与世界的关系，中国不可能置身事外。世界的整体稳定有利于中国的发展。中国必须树立起“全球一盘棋”的整体观念。全方位外交与多元外交并举，从战略和长远高度谋划全球治理、体制改革，加强对国际格局调整、国际力量对比、国际体系变革、国际战略态势、国际思潮演变等重大问题的研究，深化对国际关系发展规律以及中国与外部世界互动规律的认识，是中国外交战略把握好未来的关键。中国外交需要顶层设计，而顶层设计的新的时代要求就是必须把中国外交置于全球视野之下，必须以全球大势作为制定中国外交的基本依据。要以全球战略布局的视角来认知周边布局，以全球利益的视角来分析中国利益。更加重视地区和全球稳定对于国家发展的重要意义。强调地区和全球的整体合作意义与合作影响力。

中国必须谋划在国际组织中发挥更大的影响力。在全球视野下确立中国的发展地位和责任意识，要有以地区发展推动全球发展的自觉意识。因此，中国必须努力推动区域内和区域间的联合以及国家间的联系以达到部分之和大于整体的效果，必须努力推动国际社会摆脱局部与整体对立的局面。

在人类面临的共同威胁日益严峻的今天，中国应加强对周边和全球范围内跨国事务的主动介入、预先谋划，抢占先机主动提出和设计跨国事务管理的议题，制定可行的并且能够被其他国家所接受的新准则。在共同开发的问题上也应该提出更多具体的有利于共赢的主张。中国外交不仅立足于本国利益，而且从全球角度参与解决问题，显然有助于提高中国在国际社会的影响力。

全球化时代出现的许多问题具有很强的整体性，不再能简单划分为南北问题或东西问题。比如对于联合国安理会改革，中国的立场与一些发展中国家也有不同。再如气候变化问题，虽然归因于发展问题，但中国与许多发展中国家的态度也不一样。即使是一些大国之间的双边关系，也具有整体效应，比如中美关系的全球性战略影响一直在增强，早已不再是中美的双边问题。

此外，无论是以发展中国家群体崛起为标志的非西方化进程，还是传统西方国家主导的抵制新兴国家平等分享国际社会发展收益的再西方化进程，都不再只是国家行为体单独主导，而变成国家行为体与非国家行为体共同、广泛和深入参与的互动进程。国际社会的变化是整体的变化，而不再单纯取决于几个国家的变化。单纯以国家来论格局早已不符合客观现实需要。美国相对衰落的过程是国际社会无政府状态更为盛行的过程。中国在这一过程中如何加强整体谋划便显得尤为关键。冷眼旁观、置身事外显然不符合中国的全球融合战略，火上浇油、落井下石与中国的合作战略更是水火不容，如何更好地在新型大国关系的构建中用好大国协调从而实现同舟共济、共渡时艰，已经成为中国战略决策者宏观谋划发展大局的重要课题。

要重视新型国家与传统国家关系，欧盟是新型国家联合体，与传统联盟性质殊异，合作方式也有不同。地区一体化趋势对传统联盟关系的冲击也是值得关注的课题。

从整体观的角度来看，应该更加重视东西共治而不是中美共治，虽然中美关系具有地区和全球意义，但不能以一组双边关系来评判全球性事务，否则就会“一叶障目，不见泰山”。应该把中美关系融入中国外交战略全局之中，以全球视野下的国际格局变迁为主线，注重对更符合世界发展潮流的整体性趋势的把握，更多地参与全球性多边平台的活动，比如努力营造发展中国家群体参与的G20平台。中国的发展不是孤立现象，而是属于发展群体现象的一部分，一枝独秀既不是中国的发展战略，也不符合中国未来发展的实际需要。因此，中国必须将自身发展融入一个更大的发展中群体之中，在群体效应中更好地发展自身，也通过自身努力促进发展中群体整体规模的壮大。

从整体观的角度出发，我们还需要对牵一发而动全身的系统效果和系统整体运行风险给予更多关注。维护国际体系的总体稳定是一方面，防止系统失灵或系统崩溃同样也不容忽视。从国际社会深度相互依存的现实来看，后者的风险在提升。尽管当前国际体系转型的和平性有保障，国际体系的改革也以渐进的制度改革方式进行，但我们要清楚地认识到，国际体系具有自身的系统效应和自身运行方式，国际体系作为一种由众多行为体紧密耦合而成的体系，具有复杂性和不可预测性。国际体系的复杂性和人的有限理性决定了人类在错综复杂的问题面前很难找到完美方法并将之有效地付诸实践，反而有可能产生不可预料的破坏性效果，引发更多的问题或使问题恶化，造成国际组织失灵局面，出现国际关系宏观调控中的“系统失灵”（它是内在的，而不是由失误引起的）现象。

在此情况下，世界各国尤其是世界大国都负有维持国际体系和平、稳定转型的重大责任，要促进和维护国际体系的有利因素，减少系统风险并制定危机预案。为此我们需要做到以下几点：第一，强化责任和分责意识，共担责任和风险，不能仅仅考虑一国利益最大化而忽视协调利益。第二，规范国际组织活动手段和范围，对于实施效果和方式进行客观评估。第三，限制国际组织中的国家自主行为，避免各国自行其是，尊重和把握国际组织自身的系统性规律。当今国际体系处于转型期，国际体系本身具有的复杂性和不可预测性时刻提醒我们要谨防国际体系的“失灵”，强调国家的责任意识和责任能力。显然，整体观对于应对人类共同风险具有重大意义。

从中国的战略规划而言，强化整体性思维对于谋划新的地区战略和跨地区战略也具有新的重要的时代意义。

近些年，中国外交囿于防御战略的考虑，内敛有余，伸展不足，紧紧围绕小周边做文章，战略格局受到很大限制。应打破原有地理划界，确立大周边概念。这个大周边既应包括欧亚一体的构想，也要覆盖跨太平洋合作的理念。要在与小周边相关区域确立一定意义的深度合作区域的基础上，建立更大的战略合作区域。

从整体观的角度出发，继续发挥中国全方位外交的优势更具有紧迫性。现在中国外交战略上的点状分布多，整体部署还不足，连不成片，织不成网。要高举非传统安全合作的大旗，经略和规划新型战略合作伙伴关系，不断拓展战略合作伙伴圈。在地缘上要向西开放以构筑欧亚一体为长远地缘战略发展目标，向东以周边合作为基础推动太平洋战略的发展，并形成东西南北海陆和合的大布局。

要从解决东亚热点问题入手，强化整体思维和整体部署。东亚的一系列热点看似各自独立，其实是存在密切联系的整体。美国因素贯穿其中，各个热点问题彼此影响。朝核问题涉及中美等相关国家关系，还涉及核不扩散和地区稳定。钓鱼岛问题和南海问题不仅涉及中国与周边一些国家，也涉及台海两岸共同的海洋权益。这些热点都是相互联系、相互影响、相互制约的，必须从整体上加以把握。朝鲜半岛中朝鲜的走向具有系统效应，如果听任朝鲜发生突变，不符合地区稳定大局，也不符合中国利益，中国应以各种方式劝导朝鲜走经济改革发展之路。南海问题也应从整体上谋势。要从地区全局的角度看待这些问题。

三、结　语

面对复杂的、相互影响的局势，中国外交战略必须从整体性和联系性的视角出发，以联系打破分割，以整体化解对立，以互利共赢制约恶性竞争。无论是全球战略还是地区战略都必须强调整体性，强调整体性就是要善于将各种因素进行有机组合和调度，而不是局限于一时一事的具体环节或仅限于被动反应式的应对。要有整体的、长远的建设方案，将地区间和地区内的共同问题置于国家间问题之上。从地区发展大局出发，仍要继续推动符合本地区特色的东亚一体化建设。欧盟一体化的前景虽不明朗，但欧洲一体化的进程至少解决了过去三百年间欧洲的武力纷争问题，使欧洲国际关系进入了一个新的时代。一体化仍是人类发展的方向之一。东亚一体化和东亚共同体仍是未来东亚区域整体发展的方向。以新兴发展中国家群体为主要合作平台，强化多边制度建设和大国协调机制的建设，在新型大国关系等国家关系的构建方面探索出新路。

第五章　孔子学院：语言、文化与理念的传播

孙吉胜*

语言在承载文化、传播文化的过程中，除了作为交流工具外，还蕴含着深层次的文化内涵。作为中国的语言与文化推广机构，孔子学院在普及中国语言和文化基础知识方面已经取得了不小的成效。孔子学院必须语言与文化兼顾，以有效的传播手段让更多的人通过学习汉语了解中国的文化，使中国理念得到有效传播，这就发挥了公共外交的作用。

一、语言是文化的基础

当前，无论是在国际关系、外交、传播学还是语言学界，人们

* 孙吉胜，外交学院副院长、教授、博士生导师。本文原载于《公共外交季刊》2014 年第 6 期，第 19—24 页。

普遍认为语言是一个重要的社会因素，会影响国际关系的进程与结果。总体而言，作为一种媒介符号，语言首先具有交际功能和表象功能，反映现实。其次，语言是人们的思维和认知工具，语言框定了人们所认识的世界的边界，限制了人们对世界的认识、理解和态度。按照古德曼（Goodman）的语言建构思想，世界是通过人们使用的符号建构而来，人们眼中的世界都是相对的，不存在绝对客观、真实的世界。所以，语言也是一种思维秩序、认知秩序，也是一种集体意识，一种集体价值体系。更重要的是，语言的使用具有政治性和权力性，也体现权力关系，语言背后隐藏着影响力。

而就语言与文化的关系而言，语言是文明的产物，同时也是文化的主要载体，因此，语言在承载文化、传播文化的过程中，除了作为交流工具外，还蕴含着深层次的文化内涵。德国著名政治家、语言学家威廉·洪堡特（W. von Humboldt）认为语言左右思想，会反映一个民族的社会、文化、心理结构。美国人类语言学家萨皮尔（Edward Sapir）明确指出了解语言机制是研究历史问题和人类行为所必须的，因为语言如同其他文化社会现象一样是经历了严格的社会化的行为，语言的背后是有东西的，不同的语言表达方式会对同一客观世界提出不同的分析和解释。另一方面，语言在一定程度上也会制约人的思维方式，影响人的思想和行为，影响人们的世界观。语言形式影响人们对世界的看法，语言不同导致了对世界认知的不同。例如，汉语中的很多表述，如“家和万事兴”“以理服人”“己所不欲”等都体现了长期以来中国人的思维和行为方式。众多个体行为汇集在一起经过一定的积淀就形成了一个国家、民族特有的文化。中国人几千年的文化积累、话语实践毫无疑问会影响中国人的思维方式和最终的理念。因此，中西方不同的语言，也会导致思维方式和行为方式的不同。思维方式的差异反过来也会影响对世界的认知。如果要理解一个国家、一个民族语言的真正内涵，必须要了解语言背后的历史传统、文化内涵，否则对于同样的语言，也产生不同的理解，甚至会曲解或是误解。由此可见，语言是文化的基础，是对文化的反映，文化是语言的延展。如果要真正传播一个民族的语言、文化，不仅要传播语言，更重要的是要传播语言背后的内容。

二、孔子学院：通过语言弘扬文化

语言、文化领域一直是各大国博弈的重要方面。语言不仅仅是一个符号体系，同时也是一个民族认识世界、阐释世界的意义体系和价值体系，因此，世界各国较有影响力的语言文化机构基本都是先以教授语言为起点，并通过语言弘扬自己的文化，在这个过程中，语言教学本身也只是文化交流的手段之一。很多国家都成立了语言推广机构，如德国的歌德学院、法国的法语联盟、西班牙的塞万提斯学院、英国文化委员会等，它们都努力把语言教学与文化传播联系起来，把保护和传播本国的语言文化视为国家文化安全战略的组成部分。在英、法、德、西班牙等西方国家加大语言文化推广力度的同时，一些新兴国家也都制订了推广计划，成立了推广机构，如俄罗斯的普希金学院、韩国世宗学院、波兰的亚当·密茨凯维奇学院、土耳其的尤努斯·埃姆莱学院。除了语言教学和文化推广之外，各国还把通过语言教学来开展公共外交活动作为一个重点。这也是为什么西方的语言推广机构，如美国新闻处、英国文化委员会、法国的法语联盟、德国的歌德学院等几乎都是各国的外交政策部门资助建立的一个主要原因。

作为中国的语言与文化推广机构，孔子学院在普及中国语言和文化基础知识方面已经取得了不小的成效。《孔子学院章程》明确规定孔子学院要致力于适应世界各国（地区）人们对汉语学习的需要，增进世界各国（地区）人们对中国文化的了解，加强中国与世界各国教育文化交流合作，发展中国与外国的友好关系，促进世界多元文化发展，构建和谐世界。孔子学院自成立以来，在汉语国际推广以及推广中国的基础文化方面做了大量工作。海外近 1 亿人正在学习汉语，并以每年 50%甚至更快速度增长。外国人在学习汉语的同时，对中国的太极拳、中国象棋、中国菜、书法、中国画等有了更多的了解，也产生了对中国的兴趣。当然，也有些孔子学院由于师资等条件限制，还主要是教授汉语，而文化传播能力较弱。

但是，就文化传播而言，中国迫切需要向世界传播高层次、有深度、体现中国内涵的文化内容。尽管人们已经基本形成共识，即中国需要加大对文化的宣传，整体提升中国的软实力，但是要对外宣传一个什么样的中国、怎样的国家形象、中国文化的核心到底是什么有时并不十分明确。因此，我们首先需要明确中国文化当中哪些精华需要向外推广和传播，哪些不适合？以什么样的方式来推广？对于公共外交而言，文化是一个重要的核心，这一点就显得尤为重要。中国文化博大精深，但是由于文化传承的断裂以及一些历史原因，如何找准中国文化中具有普世价值的内容，建立一套有效的跨文化交际话语体系，使中国内涵得到有效的表达，是公共外交亟待解决的难题。

三、推广中国理念背后的文化内涵和历史传统

就目前中国的发展阶段和中国在当今世界所处的位置来说，中国迫切需要思考如何向世界表明、解释和践行自己的价值观和价值体系。公共外交的一个核心任务之一是应该为这些理念的传播提供助力。在当今世界，经济实力仍是一个国家最主要的力量，一个国家经济影响力的提升通常会导致其外在影响力的增强。中国成为世界第二大经济体之后，尽管中国一直强调走和平发展道路，但是国际社会对中国的质疑和担忧一直存在，中国面临的来自国际体系的压力也不断加大。尽管中国做了很多方面的努力和宣传，中国的国际形象并没有大的改观。中国如何提升自己在国际上的声誉，在国际上树立良好的形象？答案似乎并不明确。实际上，这些问题的关

键取决于中国为世界贡献什么样的思想、世界观与国际规范以及如何把它们转化为适当的行为与行动，使它们被世界上大多数国家所接受。如果中国在这方面成功，中国就可能赢得与其经济地位相匹配的国际地位，就可能引领一种新的国际秩序。中国思想的源泉一定是中国的传统文化思想，如果与时俱进的话，就是要与当今世界发展的趋势与潮流相结合，中国的对外行为原则也要以此为指导。中国要依此来承担一个崛起经济大国的世界责任，不仅要承担经济责任，同时也要敢于承担安全责任、文化责任。当然，这些思想也要能够推动整体的社会进步，体现人类的普世价值。例如，中国古代思想中的“仁”“义”“礼”。有学者认为这三个概念近似于现代的“公平”“正义”“文明”，它们分别高于美国所主导的“平等”“民主”和“自由”的价值观。也有人认为中国的传统思想与文化观念中最核心的是和、仁、德，这些为世界不同文明以及人与人之间的和谐相处提供了一种理论基础。也有学者提出，中国构建国家形象可以选择“和平、发展、包容、共赢”来展开。这些理念将有助于中国推进或是引领一种新的国际规范和国际秩序。如果这些可以实现，就改变了很多西方理论所主导的国际秩序观，就相当于中国为人类提供了创造性的思想。

中国在公共外交中非常注重中国的传统文化理念与核心价值。无论是在语言表述还是在实践当中都体现出很多中国传统的文化思想，并不断向世人解释这些思想对中国行为的影响。例如，习近平主席 2014 年 4 月 1 日在布鲁日欧洲学院演讲时，把中国是有着悠久文明的国家作为中国的最显著特点之一，指出中国人在历史上提出了很多理念，如孝悌忠信、礼仪廉耻、仁者爱人、与人为善、天人合一、道法自然、自强不息等，它们至今仍然影响着中国人的生活，这些构成了中国人看世界、看社会、看人生的独特价值体系。2014年7月习近平主席对韩国访问时，在韩国国立大学的演讲时说到“百金买无，千金买邻，好邻居金不换”，以此强调中国对发展中韩睦邻关系的重视。在谈到中国将始终做一个维护和平的国家时，他强调“中国人自古就提出了‘国虽大，好战必亡’的箴言，‘以和为贵’‘天下太平’‘天下大同’等理念世代相传”。在倡导合作发展理念时，指出中国要在国际关系中践行正确义利观，“国不以利为利，以义为利也”，在国际合作中，中国重视利，更要注重义。李克强总理2014年5月在非盟总部演讲中在强调中非增进团结互信时，也引用了中国古代哲人“己欲立而立人，己欲达而达人，己所不欲，勿施于人”的思想。2014年6月他在英国智库的演讲中，首先从中国先秦思想家提出“和而不同”“和为贵”的理念开始，指出这个理念与欧洲先哲“和谐产生正义与善”的思想不谋而合。他讲到中华民族是爱好和平的民族时，再次强调了“己所不欲”的理念，指出这些理念已经融进民族血脉，成为中国人的基本处世之道。中国没有扩张的基因，更不接受“国强必霸”的逻辑。

孔子学院在推广汉语和传播中国文化的过程中，不仅要向人们展示中国的核心价值观以及核心理念，还要展示这些理念形成的历史积淀，这样才可以让世界明白中国的独特视角、行为方式和价值理念。中国文化推广的目标是让中国文化走出去，让世界更好地了解中国，使中国文化成为人类文明的重要组成部分，而不是要搞文化霸权或是文化侵略。要让外国人了解语言背后的文化内涵，尤其是中国外交理念背后的传统和文化底蕴，不但要使其知其然，还要知其所以然。只有这样，这些理念对外国人来说才不是空话，他们才可能理解中国的行为。由此可见，孔子学院作为语言和文化推广机构，尤其要加大对中国传统文化理念的传播。

孔子学院在教授语言的同时要教授中国的文化、历史和中国的实际国情，让中国的传统文化、传统理念与当前中国的各类政策有效接轨，为外国人理解中国的政策打下语境和认知基础。这样做就是要在语言交流与传播过程中激活中国古代传统文化，进一步提炼中国文化中关于仁爱、公平、包容、互敬、善治、合作、互利、友谊、和谐等思想，体现中国传统文化智慧对现代社会和当今世界的意义。

明确了具体的内容后，就需要研究有效的传播方式，提供高传播效率，减少误解。孔子学院在传播过程中，需要充分考虑受众国与中国的关系基础、受众国的文化差异而采取差异化的传播策略，使国外的受众可以在自己的文化背景下从不同的角度来审视和理解中国文化。在课程、活动中介绍中国的政治制度、传统、经济发展模式和中国的传统文化时，要减少说教性内容，以客观事实呈现为主，使人自然得出观点和结论，循序渐进地产生潜移默化的影响。

总之，孔子学院必须语言与文化兼顾，传统与思想兼顾，以有效的传播手段让更多的人通过学习汉语了解中国的政策与行为，使中国理念得到有效传播，进而拉近他们与中国的距离。只有让世界真正了解了中国的过去，才能从根本上消除他们当前对中国的误解和偏见。如果做到了这一点，孔子学院也就为中国的公共外交真正发挥了作用。

第六章　转型中的中国国家定位与国际责任体系*

高　飞**

近代以来，中国被迫进入了西方主导的国际体系，从1840年以降的百年屈辱到改革开放以来的和平发展，实践证明中国的命运与国际体系是密不可分的。中国与国际体系的互动不仅决定着中国能否和平发展，同时也关乎世界的和平与未来。因此，分析中国与国际体系的关系，把握中国在当代国际体系中的定位，准确进行角色和政策选择，妥善处理与体系主导国家的关系，是中国外交必须正视和回答的问题。

---

* 本文为国家社科课题《未来十年上海合作组织的发展趋势及其影响因素研究》（项目编号：12BGJ014）的阶段成果。

** 高飞，外交学院教授、院长助理。本文原载于《国际观察》2013年第5期，第37—43页。

一、当代中国与国际体系的互动及相关理论争论

当代中国的发展和国际体系的变迁是紧密联系在一起的。冷战走向终结为中国提供了一个总体稳定的国际环境。从 1979 年至 2011 年，中国国内生产总值年均实际增长 9.8%，经济总量居世界位次稳步提升。经济总量的扩张缩小了中国与世界主要发达国家的差距。根据国际货币基金组织统计，中国经济总量占世界经济的份额从 1978 年的 1.8%（全球第 10 位）上升到 2011 年的 10.48%（第 2 位）。中国经济总量相当于美国经济的比重，从 1978 年的 6.5%、2001 年的 11.5%提高到 2011 年的约 50%。[①] 按照世界银行的划分标准，中国已经由低收入国家跃升至世界中等偏下收入国家行列。

中国经济的成功在过去 30 年里主要在于中国通过改革开放，实现了国际国内两个市场的互联互通，“改革开放”与“全球化”进程相辅相成。在中国改革开放过程中，一方面，中国民族经济越来越外向化和国际化；另一方面，经济全球化日益成为推动中国经济发展和制度变革的重要外部力量。中国市场与世界市场的相联和互动，促使中国经济和世界经济的相通和融合，中国由此成功地走上了一条与本国国情和时代特征相适应的发展道路。人们普遍把中国看成是全球化方面成功的例子——一个通过放宽国内政策和向外国

---

① www. IMF. org.

资本开放实现经济快速发展的榜样。① 经济全球化主要表现为资本全球化、贸易自由化和生产国际化，其核心是跨国直接投资（FDI）。全球化之所以促进了中国经济的增长，一个很重要原因就是它成功地推动了跨国资本与中国廉价劳动力的结合，同时带动了技术和管理的提升。可以说，只要全球化进程不中断，且中国自身保持稳定和开放，中国的和平发展就将持续。

中国的崛起在一定程度上从地理和文化上颠覆了“欧洲中心论”，改变了国际政治东西、南北关系严重失衡的格局。就本质而言，当代中国的崛起将是 1648 年威斯特伐利亚体系建立以来国际体系发展中的最重大事件之一。当代不少西方著作因此不时表达对“未来超级大国”的深深疑虑，其核心关注是忧虑未来的中国到底是西方秩序的挑战国（修正国家），还是现状的维持国。持悲观态度的学者，如米尔斯海默从进攻性现实主义出发，认为凡是崛起的国家必然是体系的挑战者，而不可能是一个维持现状的国家，历史上的崛起国皆是如此，中国也概莫能外。② 奥根斯基的权力转移理论强烈质疑均势理论，认为大国实力的接近是引发战争的最重要的原因，特别是当大国间权力的再分配出现“持平”（power parity）趋势时，战争爆发的可能性是最高的。具体到中国的崛起，他的学生古格勒登等人认为，只要中国继续对其在国际局势中所担任的角

① ［美］兹比格涅夫·布热津斯基：《大抉择——美国站在十字路口》（王振西译），北京：新华出版社 2005 年版，第 161—162 页。

② John J. Mearsheimer, “China′s Unpeaceful Rise,” *Current History*, Vol. 105, No. 690, April 2006, pp. 160-162.

色不满，中国就将是美国唯一潜在的挑战者。[①] 巴里·布赞从文化角度强调，中国是国际体系内一个改革型的修正国，虽然融入了国际经济体系，但是中国并没有接受具有普世主义价值的西方民主和人权等规范。因而，对于国际社会来说，中国的未来发展仍然是不确定的。[②] 持乐观观点的学者从中国与国际体系的互动中，看到中国日益成为一个体系内的现状国，中国外交越来越强调遵守国际规范，扮演“负责任大国”的角色。江忆恩因此认为，与过去相比，中国至少目前表现得更像“现状国”。[③] 温特认为，国际体系主导国与新兴大国“原则上可以成为朋友”[④]；在国际体系主导国与新崛起大国互动中，国家领导人选择什么样的政策工具有关键作用，即双方关系互动的方向是可以选择的。中美关系发展的关键在于，双方能否化解相互间敌对的观念结构，建立和平共处、友好合作的共有观念。尽管灰色的理论常常不能准确预判常青的未来，然而理论的歧义，包括中国学术界自身对“和平崛起”与“和平发展”表述的争议，一定程度上加剧了国际社会对中国发展的误解，强化了中国威胁论，为中国外交制造了现时难题。

---

① Ronald L. Tammen et al., Power Transitions: Strategies for the 21st Century, New York: Chatham HousePublishers, 2000; Douglas Lemke and Ronald L. Tammen, “Power Transition Theory and the Rise of China,” *International Interactions*, Vol. 29, No. 4, 2003, pp. 269—271.

② Barry Buzan, “China in International Society: Is ‘Peaceful Rise’ Possible?” *The Chinese Journal of International Politics*, Vol. 3, 2010, pp. 5-36.

③ Johnston, Alastair Iain. “Is China a Status Quo Power?”, *International Security*, No. 4 (Spring 2003): pp. 5-56.

④ ［美］亚历山大·温特：《国际政治的社会理论》（秦亚青译），上海：上海人民出版社2000年版，第39、43页。

二、关于中国国际定位理解中的矛盾和错位

伴随中国的发展，人们争论的核心问题是中国将是怎样的国家？中国期待怎样的世界？国家的角色定位决定国家的政策选择。新中国成立后，中国认为自身是国际体系中的革命国家，因此强调“反帝”的“社会主义国家”性质，并由此选择了对社会主义阵营“一边倒”的外交政策。在美苏争霸、苏攻美守的背景下，中国与苏联拉开距离，强调自身是“发展中国家”“第三世界国家”，并因此选择了“反霸”的“一条线”战略。随着改革开放不断深入，当代中国最大的变化是“中国已成为国际体系中的中国”，中国的国家身份从国际体系的挑战者变为国际体系中的参与者与建构者，中国的国家实力正从大国转变为强国。尽管国家的身份永远是多元复杂的，然而从国际体系的视角来看，“负责任的大国”无疑是当代中国最重要的角色定位。从总体上看，中国外交的“新安全观”“新发展观”“新合作观”“和平发展”“和谐世界”等理论都与这一定位的变化紧密相连。

对怀疑者而言，“负责任的大国”仍需要解决对谁负责，如何负责的问题。2005 年 9 月 21 日，美国前常务副国务卿佐利克在美中关系全国委员会上作了《中国往何处去——从成员到责任》的演讲，希望中国成为负责任的利益相关者（stakeholder），欢迎中国在

国际事务中发挥作用，在国际舆论中掀起了“中国责任论”。2006年10月24日，欧盟发表《欧盟与中国：更紧密的伙伴、承担更多责任》的对华政策文件，也提出了欧洲版本的“中国责任论”。佐利克希望，“作为一个负责任的利益相关者，中国将不仅只是一个成员，它将会和我们一起维护促使中国获得成功的国际体系。”[①]2009年1月12日，在北京举办的庆祝中美建交30周年晚餐会上，美国前总统国家安全事务助理布热津斯基表示，“应当召开由美中两国参与的G2峰会”。2010年美国《国家安全战略》报告则首次由官方提出希望中国扮演“负责任的领导角色”。[②]

很显然，一方面，“中国责任论”的提出是美国等西方国家对中国近年来国际地位上升事实的接受；另一方面，“中国责任论”的提出者忽视了中国的国情和发展水平，在市场开放度、贸易平衡、人民币汇率、知识产权保护、气候变化和环境保护等方面对中国提出各种各样的要求，希望崛起的中国能更加顺从于西方的政策和利益。让中国担当“负责任的利益相关者”不仅可以让中国分担西方更多的责任，更重要的是把中国纳入西方的秩序轨道中来。2008年，约翰·埃克伯里在美国《外交》季刊撰文《中国的崛起和西方的未来：自由制度能否生存?》[③] 文章在肯定中国的崛起无疑将是21世纪世界舞台上一幕大戏的同时，对中国是否会抛弃现存秩序

① Robert B. Zoellick, “Whither China: From Membership to Responsibility,” http://www.ncuscr.org/files/2005Gala_ RobertZoellick_ Whither_ China1.pdf.

② White House, “National Security Strategy”, May 2010, p. 43.

③ G. John Ikenberry, “The Rise of China and the Future of the West: Can the Liberal System Survive?” *Foreign Affairs*, January/February 2008.

还是成为该秩序中的一分子，以及美国能否在中国崛起的同时保持自己的地位表达了关切。文章代表了美国和西方世界的普遍看法，从美国近年来的政策取向来看，面对中国等国家的崛起，美国希望中国和它一起维持现有的国际体系，也就是美国霸权下的国际秩序。当然，在此过程中，如同美国的其他外交政策一样，不管它针对哪一国家，不管采取何种手段，都服从于一个最高目标——维持美国在现有国际体系中的主导地位。中国可以成为“利益相关者”，甚至和美国组成“G2”，但不能损害美国主导权，更不能挑战美国及西方主导的国际秩序。正如 2009 年 1 月 17 日布热津斯基在华盛顿接受日本《读卖新闻》专访时所说，“在双边关系方面，美国应该加强与中国的关系，确立 G2 的关系。”在这一过程中，“美国应是‘团队中的发言人’。”① 其实，美国的真实想法是想借中国急于融入国际社会的机会“收编”中国，把中国变成为美国主宰世界的一个支撑点，成为美国主宰世界的“轮轴—辐条”体系中的一个辐条。②

长期以来，美国对华采取“接触”加“遏制”的两面下注手法，中国对此十分清楚。美国要求中国成为负责任的利益相关者实际上是希望中国成为维护“美国利益”的相关者。从 20 世纪 90 年代末期起，中国就提出了做“负责任的大国”。所谓负责是指对中国人民负责，对中国所承诺的国际义务负责，对人类面临的共同挑

① 刘延棠：“冷观所谓中美‘G2’时代”，《瞭望》2009 年第 10 期。

② 同上。

战负责。作为奉行独立自主和平外交政策的国家，中国不会背离自己的外交原则。因此，2009 年 5 月，温家宝总理在访问欧洲时明确表示中国不赞成“G2”的提法。

2008 年爆发的全球金融危机将中国推向了世界舞台的中心，中国采取积极主动的姿态为避免全球经济的恶化做出了贡献。然而，随着中国在国际事务中综合影响力的跃升，中美之间从先前中方主动调适对美关系的互动态势，转向了要求美国更多地向中国调适其对华关系，这也加剧了美方对双边互动模式变化的不适应。[①] 面对二战以来最严重的经济危机，美国的自信心受到了严重的削弱，在对华政策上表现得十分敏感和脆弱。2010 年以来，美国政界围绕美国国内失业问题，以及中美两国之间在美国对台军售、“谷歌事件”“天安舰事件”、贸易保护、人民币汇率、黄海军演、朝韩炮击事件等问题，对中国所谓的“强硬外交”“傲慢外交”口诛笔伐，甚至还公然插手南海争端和中日钓鱼岛争端等。这些举动无疑为两国关系的前景蒙上了阴影。对于美国来说，从 2009 年对华的“高期待”到 2010 年的摩擦不断，从根本上来说是因为“接触”（engagement）受挫，美国担心中国不愿做“小兄弟”，不愿做“G2”，“中国像改变自身一样改变着世界，根本不考虑‘负责任的利益相关者’概念，已然成为了世界体系中的革命性大国”[②]。由此，美国的对华政

---

① 陈东晓：“国际安全格局的演变及中国与主要大国关系的机遇和挑战”，《中国国际问题研究》2010 年第 6 期。

② Elizabeth C. Economy, “The Game Changer: Coping with China’s Foreign Policy Revolution,” *Foreign Affairs*, November/December 2010.

策迅速被“战略再平衡”所取代。

缺少深层战略互信是中美关系症结所在。事实上，尽管全球金融危机后，新兴经济体的总体地位和影响力有所提升，然而并没有从根本上改变北强南弱、美国主导的世界格局。美国相对实力下降，在世界事务中需要中国的合作；中国实力提升，但并没有挑战美国的能力和意愿。今天的世界事务离不开中美合作，中美两国在绝大多数全球议题上存在共同利益，现有的互动模式无法满足中美更高层次合作的要求。正如美国对外关系委员会亚洲研究中心主任易明（Elizabeth C. Economy）所说，“任何一方如果试图独自应对世界挑战，华盛顿和北京都注定会失败，而现在的双边关系根本无法满足现实需要”，“当前中美缺乏合作不是因为华盛顿方面没有承认中国多么重要，也不是领导人不重视双边关系，而是因为利益、价值和能力没能相互匹配。”① 中美双方既没有在传统的美国对台军售等问题上适应新的形势，找到妥善的解决办法，也没有找到应对全球议题携手合作的新模式。中美缺乏战略互信，特别是美国对华采取接触（Engagement）和对冲风险（Hedge risks）两面下注的政策。“在实践中，对冲风险会危害接触”② 并加剧中国的疑虑，损害双方战略互信。正如习近平所说：“中美两国利益攸关，战略互信是互利合作的基础。互信程度越深，合作空间越大。双方要坚决摒弃冷

① Elizabeth C. Economy and Adam Segal, “The G-2 Mirage: Why the United States and China are not ready to upgrade ties,” *Foreign Affairs*, May/June, 2010.

② “Friends, or else: Living with China's rise will test America's diplomacy as never before”, *Economist*, Dec2nd, 2010.

战思维，多一些理解、少一些隔阂，多一些信任、少一些猜忌。”[①] 解决信任问题已经成为中美关系中不可逾越的障碍。[②]

作为世界上最大的发展中国家，中国最核心的任务是发展。中国和平发展的不懈追求是，对内求发展、求和谐，对外求合作、求和平。[③] 中国既不是在冷战时代挑战美国、寻求颠覆资本主义制度的苏联，也不是西方阵营中与美国高度一致的日本和英国。对于当代中国来说，发展仍然处在第一位。无论是中国关心周边环境还是国际体系，都是为国内发展服务。总体而言，中国所强调的仍然是“当代国际体系中的中国”。冷战的历史教训使中国不会轻易成为挑战者，中国所愿意承担的角色将是应对共同挑战的“合作者”。今天中美的相互依存已经十分深入，两国关系不可能回复到对抗的时代，两国之间所面临的现实困难实际上为两国提升互信，从文化层面理解对方的行为模式创造了条件。

三、以“责任体系”构建未来世界秩序

当前，中国与国际体系互动中的问题主要体现在中美关系的结

---

① 中国国家副主席习近平 2012 年 2 月 15 日在华盛顿出席美国友好团体举行的欢迎午宴上的演讲“共创中美合作伙伴关系的美好明天”，中国政府网站，http：//www. gov. cn。

② Kenneth Lieberthal and Wang Jisi，“Addressing U. S. –China Strategic Distrust，” http：//www. brookings. edu，John L. Thornton China Center Monograph Series，Number 4，March 2012.

③ 国务院新闻办公室：“中国的和平发展”白皮书，http：//www. fmprc. gov. cn。

构性矛盾上。国际体系和中美实力对比的迅速变化，使外交政策很难适时适当地做出调整。

从美国方面来看，奥巴马上台后，美国高调重返亚太，给中美关系带来了很大挑战。美国将亚太定位为全球战略的枢纽。在军事上，进一步加强了与日本、澳大利亚、韩国等传统盟友的军事关系，扩大了同印度、菲律宾等国的军事合作，在亚太地区军演频频；在经济上，通过建立 TPP 而力图主导地区经济合作进程；在地区事务上，通过参加东亚峰会，提出“领导亚洲”，高调关注南海问题，企图挑起地区国家同中国的矛盾。大国政治的悲剧如同“自我实现的预言”似乎正在东亚上演。

从中国方面来看，理论建设滞后，和谐世界的内涵需要进一步丰富。今天的中国外交面临着新问题、新挑战。全球金融危机将中国推上了世界舞台的中心，在聚光灯的照射下，主动的“韬光”变成了被动的“曝光”。中国的优点和缺点无形中都被放大，成为了“中国责任论”和“中国威胁论”的素材。中国责任论者对中国提出了过高的期待，他们不断抬高中国的大国身份，要求中国以“核心大国”的身份重新定义核心利益，大幅度提高承担维护“国际体系利益”的国际责任，一些西方舆论甚至要求中国在诸如“世界经济再平衡”“全球气候变化”“伊朗核问题”等领域扮演领导角色①；而中国威胁论者不满中国咄咄逼人的外交政策，指责中国

① Francois Godement, “A Global China Policy,” *European Council on Foreign Relations*, June 22, 2010, http: //ecfr. 3cdn. net/126014f261f60e93c0_ bam6ib6zd. pdf.

“越来越频繁地说‘不’”①。

无论是围绕中国责任的讨论，还是有关中美结构矛盾的争论，事实上都和人们对国际体系的理解有关。长期以来，国际体系的结构被认为是一种权力结构，国际制度是这种权力结构的反映。无论是权力、制度还是观念，国家之间事实上是一种以追求利益为目的的竞争关系。根据这种观念，权力和利益而非责任和利益，呈正相关。构建新的国际体系，需要以责任为基础开拓新的思路。从不同角度来看，责任具有三重含义：法律责任是指源于法律规定或当事方之间契约而产生的法律效果；就政治而言，是根据能力做好分内的事情；就道德而言，是责任感，是个体对自己、自然界和人类社会，主动施以积极有益作用的精神。国际责任体系可以理解为以联合国宪章为基础的契约关系，以责任界定权利和利益的政治关系，以及积极主动参与解决全球挑战的道德精神。国际责任体系不否定以联合国宪章为基础的国家间权利义务关系，强调国家对维护世界和平与发展的道德责任，及以应对全球挑战为目的的以责任界定的权利和利益关系。国际责任体系正视近代国际关系中国家间主权平等，但经济、社会发展水平等不平等的现实，就结构而言，国际责任体系是根据责任能力、责任意愿和履行国际责任的行动不同而组合起来的层级结构。与近代国际体系是以主权国家平等为基础的无政府秩序不同的是，国际责任体系是以责任为核心的差序秩序。在

---

① Michael Wines and David E. Sanger, “North Korea Is Sign of Chilled U.S. – China Relations,” *New York Times*, December 6, 2010.

这一体系中，国家实力表现为责任能力不同，国家观念的差异体现为责任意识的区别，国际制度反映为按照议题或区域条约构成的国际权利义务关系。国际责任体系的单元是根据责任能力、意愿和履行国际义务的行动区别的国家，它们根据具体问题和实际情况，能力有限则“独善其身”，拥有余力则“兼济天下”。以责任解读权力，目的是改变近代国际体系基于“均势”和“制衡”原则的权力模式，致力构建基于合作的权力关系。这里的责任是指责任感，做好分内的事情，同时担当某种职务及职责。

就本质而言，所有的国际体系都存在责任关系。在朝贡体系中，中国在这一体系中居于最高地位，以昌明政教和丰盈物产吸引周边的蛮夷“相化来朝”，其首要的任务是要保持天朝道义地位，维护体系的和平稳定；甸、侯、宾、要、荒“五服”和后来的“蕃”“属”等围绕中心构成了维护体系和平稳定的同心圆结构。这种结构既是权力结构及以礼仪安排为形式的制度结构，也是一种责任结构。通常国际体系结构的变化会通过国际责任的变化得到反映和确认，国家承担责任的意愿与国家承担责任的能力同等重要，缺一不可。美国早在 1894 年就已经是世界经济的第一强国，但是由于奉行孤立主义政策，美国并不是世界体系的主导国家。1947 年 3 月，英国主动放弃自己在土耳其和希腊的“责任”，美国接受“责任”主导地区事务并领导西方开启了冷战之门，责任转移涵盖了权力转移。

以责任为基础，建构未来国际体系，从价值上摒弃国家自利是国际体系发展的内在需要。在当代“人类整体性急速加强，远远超出个别国家的全世界经济、政治和文化体系形成”这一新的历史时期[①]，建构主义关于“国际体系文化是自我实现的预言”观点值得人们深思。近代民族国家体系强调国家至上（Raison d'état），近代国家间矛盾与冲突的根源在某种意义上也缘于此，这也不利于解决现实的全球挑战。经历两次世界大战和长达半个世纪的冷战，国际关系中的结盟与对抗日益遭到人们的唾弃。在信息技术革命和经济全球化的推动下，应对各种全球性挑战符合各国的根本利益，这要求各国携手合作，共同承担责任。全球性挑战的内容涵盖领域十分广泛，对于不同的国家挑战不同，参与的意愿也不同，承担的责任也不尽相同。处理全球气候变化问题很好地说明，各国在全球变暖问题上有着共同目标，但可以根据国力不同承担有区别的责任。在新的国际体系建设中，全球性挑战将责任“强加”给各国，围绕具体问题的责任——利益博弈将成为影响国家间互动的决定性因素。

随着全球化进程的推进，新国际主义和“普世价值”在现实中呈现不断扩展之势，价值认同推动了责任认同。一是，全球化使利益和挑战全球化，日益深化的相互依存使国家在国际事务中提出问题和解决问题的模式发生了变化，世界各国更加注重从国际的视角看待自身的利益和角色定位。二是，尽管各国的传统各不相同，但是技术进步及其所带来的现代化进程正在世界各地挑战传统，并创

① ［俄］根纳季·久加诺夫：《全球化与人类命运》（何洪江译），北京：新华出版社2004年版，第36页。

造出新的、共同的“普世文化”。这一进程在各国的发展中都有所体现。改革开放以来，中国从对商品经济、市场经济的接纳，到对“民主”“人权”等观念的认可，无不体现这种观念的变化。中国把“推动建设持久和平、共同繁荣的和谐世界”作为国际体系建设的理想和目标，主张“在国际关系中弘扬平等互信、包容互鉴、合作共赢的精神，共同维护国际公平正义。[①]”这充分体现出，随着中国的发展，爱国主义和国际主义、国家发展和世界和谐目标日渐统一。

强调发展国际责任体系对中国而言具有三方面的意义。首先，从理论上填补了中国国际体系的目标模式——“和谐世界”——与当代中国的国家定位——“负责任的大国”——之间的内在逻辑联系。就性质而言，“和谐世界”既不是权力体系，也非制度和观念体系，而是一种责任体系。它强调的不是权力的均衡，而是责任、对话和协作。责任体系下的国家需要具有世界性的视野；明确“人类只有一个地球，各国共处一个世界”[②]；以合作为手段，既对本国人民负责，也对全人类面临的共同挑战负责。它要求国家首先把自己的事情办好，同时承担相应的国际义务。其次，从政策上解决了中国国内改革诉求与加强国际联系需要之间相互割裂的问题，使“协调国际和国内两个大局”政策更加有针对性和可操作性。中国派军舰到亚丁湾，既是保护自己的利益，同时也是承担维护国际和平与安全的责任。改革开放以来，中国各地区、各部门与外部世界

① 胡锦涛：《坚定不移沿着中国特色社会主义道路前进为全面建成小康社会而奋斗》，北京：人民出版社 2012 年版，第 46—47 页。

② 同上。

的联系都得到加强，由外交部处理所有涉外事务，既无可能也不现实。然而，“外交无小事”，作为主权国家在国际社会中的行为活动，外交要求集中统一的领导。解决这种结构性矛盾、完善外交管理体制，避免政策不一、政出多门，同样也是负责任大国的体现。第三，拓展了政策思路，将中美之间的权力和利益竞争转化为责任协调与合作，为双方建立战略互信创造了条件。不同于冷战时代，当代中美两国不存在共同的敌国，促成两国合作的因素是共同应对全球性挑战。以责任体系引领广泛且复杂的问题可以规避“对谁负责的争论”，为中美在新时期增进战略互信、建设新型大国关系创造了条件。

冷战后的国际实践表明，以战争手段控制一个国家或试图改造“流氓国家”创造“民主的样板”等手段都无法从根本上解决当代世界面临的种种挑战，强调自律、自省的“修齐治平”理念为责任体系下国家的行为模式提供了新的思路。这不仅与中国传统的“家—国—天下体系”的逻辑一致，也与美国学者提出的“如果没有有效的负责国家，则很难解决任何重大的国际问题”[①] 相吻合。在全球化的背景下，国家之间合作代替了对抗成为时代的诉求。和谐世界中的中国就是国际责任体系中的负责任大国，事实上中国在全球与地区事务中关注的是合作责任而非领导责任。就此而言，中国与美国之间不存在根本性的矛盾。以问题决定议程，以意愿和能力划

① ［美］布鲁斯·琼斯，卡洛斯·帕斯夸尔，斯蒂芬·约翰·斯特德曼：《权力与责任》（秦亚青等译），北京：世界知识出版社 2009 年版，第 9 页。

分责任，有助于世界各国合作应对共同挑战，超越过去因敌人、因利益而促成的狭隘合作，进而增进对彼此行为方式、思维方式的理解，以战略互信深化国际合作。这不仅有助于解决中美之间的现实问题，对未来国际体系的构建也将具有重要意义。

第七章　海外中国公民安全风险与保护

夏莉萍[*]

近年来，涉及海外中国公民安全的事件频频发生，海外中国公民安全保护问题日益突出。笔者一直跟踪研究这一问题，现就海外中国公民所遇到的主要风险及安全保护谈一些粗浅的看法。

一、海外中国公民安全风险的特点

根据中国领事服务网的海外安全提醒信息和相关媒体报道，影响海外中国公民安全的主要风险包括因大选、政变、罢工等导致的局势动荡；抢劫、盗窃、绑架等治安问题；因中国公民自身违法违

---

* 夏莉萍，外交学院科研处处长，外交学与外事管理系教授。本文原载于《国际政治研究》2013 年第 2 期，第 10—16 页。

规行为导致的安全风险；恐怖袭击；地震海啸等自然灾害、流行性疾病及劳务纠纷和渔业纠纷等。在所有这些安全风险中，有两点比较突出：

一是中国公民屡屡成为恐怖袭击的目标。21 世纪之前，也有中国公民遭受恐怖袭击的事件发生，但很多时候是中国公民不幸遭遇恐怖袭击事件，这些袭击并不以中国公民作为特定目标。但 21 世纪以来，专门针对中国公民的恐怖袭击事件增加。例如，2007 年 1 月，五名中国工程人员在尼日利亚河流州被不明身份武装分子劫持，这是在该地区发生的第一起绑架中国工人的事件。同年 4 月，一中资石油公司项目组在埃塞俄比亚索马里州遭武装分子袭击，中方九人死亡，七人被绑架。7 月，一家中国公司在尼日尔工地的负责人被“尼日尔争取正义运动”（Niger Movement for Justice）组织绑架。2008 年 10 月，该组织宣称，计划袭击在尼中资机构和人员。2012 年 1 月 28 日，中国电力建设集团下属中水电苏丹公路项目营地遭苏丹反政府武装袭击，29 名中国员工（含 2 名女性）被苏丹人民解放运动北方局武装劫持。这是新中国历史上海外中资企业单次遭劫持人数最多的安全事件。

二是海外中国公民自身违法违规行为所带来的安全风险。根据中国外交部领事司的统计数字，在海外中国公民遇到的安全问题中，一半事件是由中方人员的不当行为引起的。[①]中国领事服务网安

① 参见中国外交部领事司司长魏苇在 2008 年 8 月 5 日举行的《世界知识》论坛上的发言，论坛主题为“企业和个人，海外遇事怎么办”，http://news.xinhuanet.com/overseas/2008-08/31/content_9743308.htm。

全提醒信息的统计显示，大约1/5的安全提醒信息与海外中国公民的不当行为有关，其中包括：一些公民举止不文明，在国外公共场所不守秩序、大声喧哗、言语粗俗、随地吐痰、乱扔杂物，引起当地民众厌恶；一些公民不了解、不尊重当地宗教风俗习惯，在公共场所衣着暴露，或携带酒精饮料，甚至经营色情场所，导致当地政府查抄或遭民众暴力攻击；一些公民法律意识淡漠，不遵守驻在国法律，携带违禁品、偷渡、逾期滞留、非法打工，被当地执法部门拘禁或驱逐；一些沿海地区渔民频繁赴周边国家管理海域或敏感有争议的海域捕鱼，遭到有关国家执法人员驱赶或抓扣，造成人员伤亡，有些还上升为外交事件，甚至差点引发军事冲突。

二、海外公民安全保护的新动向

海外中国公民所遭遇的各种安全风险考验着中国的海外公民保护机制，近年来，在海外中国公民安全保护方面出现了一些新动向。

第一，中国和有关国家在中央政府的层面上通过协议方式解决一些影响中国公民安全的纠纷。比如，在2012年7月发生的中国渔民被俄罗斯方面扣押事后，中俄双方达成两项合作共识，一是就开展渔业合作、俄方在其专属经济区给予中方捕捞配额，中方给予俄方相应的经济补偿，并就此进行磋商；二是尽快建立海上执法安全合作机制，预防非法捕捞现象的发生。①

第二，地方政府作用提升。②这主要体现在以下三个方面：（1）地方政府纷纷成立领事保护专门机构或机制，协助中央政府处理涉及本省或本市居民的领事保护案件。早在 2007 年 10 月底，广东省外办就在全国首先设立了“涉外安全处”。负责协调、指导处理广东省在境外公民和机构安全保护的相关事务，③ 该涉外安全处设有 24 小时工作热线电话，方便在境外遇到困难的广东人及时求助。④ 2013 年 4 月，北京市政府外事办公室正式成立领事保护处。⑤ 一些省级以下城市的外办也设立了相关机制，如 2011 年 12 月，大连市建立“境外公民和机构安全保护工作联席会议”机制。⑥（2）由地方政府牵头组织工作组赴国外处理中国公民安全事件。2012 年 3 月 4 日，刚果（布）首都布拉柴维尔一弹药库发生爆炸事故，爆炸波

① “外交部发言人洪磊就俄远东边防部门查扣我渔船事件进展情况答记者问”，2012 年 7 月 30 日，http：//www. fmprc. gov. cn/mfa_ chn/wjdt_ 611265/fyrbt_ 611275/t956578. shtml。

② 笔者曾于 2013 年 1 月赴美国参加由塔夫茨大学弗莱彻法律与外交学院（Fletcher School of Law and Diplomacy，Tufts University）举办的“纪念《维也纳领事关系公约》50 周年”的研讨会时，曾就中国领事保护机制的特点发言，当听到笔者谈及中国地方政府在保护海外中国公民安全方面所发挥的作用时，来自美国、加拿大、比利时、墨西哥、匈牙利等国的外交官和学者们在都表示很惊讶。因为传统上，为海外公民提供安全保护是中央政府的职责，非政府组织与中央政府合作是发达国家相关实践的一个特点，但地方政府发挥的作用十分有限。地方政府在海外公民安全保护中发挥着日益重要的作用，这具有鲜明的中国特色。

③ 广东省外办网站，http：//www. gdfao. gd. gov. cn/wsjg/zncs/200704100003. htm。

④ “广东的‘涉外安全处’开了个好头”，中国外交部网站，http：//www. mfa. gov. cn/chn/lsfw/lsxw/t380795. htm，2007-12-20。

⑤ “北京市外办成立境外领事保护工作专门机构”，2013 年 4 月 16 日，http：//www. chinanews. com/zgqj/2013/04-16/4734266. shtml。

⑥ “郭少春副司长出席‘大连市境外公民和机构安全保护工作联席会议’成立大会”，2011 年 12 月 23 日，http：//cs. mfa. gov. cn/lszt/dfxchdzt/dlsjwanqhjz/t889974. htm。

及附近的北京建工集团项目工地，造成中国员工六人不幸遇难，45人不同程度受伤。3月6日，中国政府紧急派出由北京市政府牵头、外交部等部门参加的联合工作组赴刚果（布）开展工作。[①] 在以前发生的类似事件中，一般都是由中央政府部门牵头，地方政府协助处理，这次由地方政府牵头组织工作组去处理，比较罕见。（3）地方政府领导人公开发表文章，表示重视领事保护工作。湖南省副省长在《湖南日报》发表《进一步加强领事保护工作切实维护海外湖南人的合法权益》一文。文章写道：截至2012年9月，湖南省已与180多个国家和地区建立了经贸往来关系，海外投资、对外工程承包、对外劳务合作快速增长，数十万人在境外经商就业，遍及五大洲70多个国家和地区。因此，领事保护工作已经成为湖南省外事工作的重要内容。[②] 河南省平顶山市副市长在《平顶山日报》发表题为《做好当前形势下的领事保护工作》的文章，指出了涉及海外平顶山人和平顶山企业的主要安全问题，表示要重视此类领事保护案件。[③]（4）地方政府举办“领事保护宣传月”活动。2012年3月，河南省政府外侨办与郑州市政府共同举办了涉外领事保护宣传月活动。该省领导人在致辞中表示，该省公民和企业遍布世界各地，成

---

① “在刚果（布）爆炸事件中受伤的中国工人返抵北京”，http：//cs. mfa. gov. cn/lsxw/t913035. htm，2012-3-12。

② 李友志：《进一步加强领事保护工作 切实维护海外湖南人的合法权益》，《湖南日报》2012年9月11日第3版。

③ 黄祥利：《做好当前形势下的领事保护工作》，《平顶山日报》2012年6月28日第2版。

为该省整体利益的重要组成部分。[①] 为做好广西的预防性领事保护工作，提高广西境外人员、机构自我保护及防范意识，广西外办于 2012 年加大领事保护常识的宣传范围和力度，从 2012 年 5 月开始，在全区边境、沿海城市、高等院校及大型涉外企业较多的城市举办以“2012 年广西领事保护宣传月”为主题的活动。[②]

第三，国际警务合作为海外公民安全保护提供了新途径。从 1998 年开始，公安部向中国驻外使馆派遣警务联络官。警务联络官在促进国际警务合作，协调当地警方力量，打击涉及中国公民的违法犯罪活动，保护海外同胞合法权益方面发挥了重要作用。[③] 2005 年 3 月，中国警方建立了境外中国公民和机构安全保护工作联席会议制度，并制定了应急处置工作预案。[④] 中国向国外派遣的维和人员，也可以成为紧急时刻对海外公民进行保护可以依靠的力量。例如，2012 年，在东帝汶，很多中国新侨民在向当地警方报案后，也特别愿意向中国使馆和中国维和警队求助。中国维和警队则会按照联合国规定的程序，在当地警方办案时予以监督，以确保办案公

---

① “河南省涉外领事保护广场宣传活动暨郑州市涉外领事保护宣传月启动仪式在郑州市绿城广场举行”，http：//cs. mfa. gov. cn/lsxw/t916693. htm，2012-03-23。

② “广西举办‘2012 年广西领事保护宣传月’系列活动”，http：//cs. mfa. gov. cn/lszt/dfxchdzt/qt/t959501. htm，2012-8-10。其他省份类似的信息可参见外交部领事服务网地方宣传活动专题网站：http：//cs. mfa. gov. cn/lszt/dfxchdzt/，2013-6-20。

③ “中国外派警务联络官十年工作回顾 ”，http：//www. mps. gov. cn/n16/n1237/n1342/n803715/1742293. html，2009-01-05. 。

④ 向党：《警察外交的特征和发展趋势》，《中国人民公安大学学报（社会科学版）》2012 年第 1 期，第 103 页。

正，中国侨民的权益不受到侵害。[①] 特别值得一提的是中国和安哥拉之间的警务合作。根据中国与安哥拉政府于2012年4月签署的警务合作协议，5月11日，公安部派出先遣组赴安哥拉就侵害中国公民合法权益犯罪情况开展调查，并部署国内涉案地公安机关同步开展相关案件调查工作。7月19日至8月25日，公安部派出专案工作组赴安哥拉开展打击侵害在安中国公民权益犯罪专项行动。[②] 公安部相关负责人表示，针对现代犯罪活动无国界的特点，公安部将积极开展双边多边警务合作，使国际警务合作成为常态化工作。在外务工的中国公民，遇到不法侵害时一定要及时向所在国警方报警并向中国使领馆报告，也可向国内公安机关报警。中国公安机关将通过国际刑警等渠道会同所在国警方，共同打击境外侵害中国人合法权益的违法犯罪活动。[③]

第四，民间力量逐渐开始参与海外公民安全保护工作。政协提议加大对海外公民的保护力度，推动民间安保力量走出国门。2012年3月，在全国政协十一届五次会议上，对外友好界委员集体发起了一份《关于加强海外机构和公民安全保护的提案》，建议制定相关法律法规，允许中国安保公司走出国门，承担更大的安全防范任

---

① 张玲玲：《中国“新侨”勇闯东帝汶》，《参考消息》2012年8月2日第11版。

② 徐灿、杨婕：《孟建柱在公安部侦破侵害在安哥拉中国公民权益犯罪专案座谈会上强调继续加大国际警务执法合作力度 坚决打击侵害海外中国公民权益犯罪活动》，中国警察网，http：//www.cpd.com.cn/n10216060/n10216144/c13238651/content.html，2012-08-28。

③ 郭坤泽、陈文峰：“专访公安部“5·11”专案总指挥、公安部刑事侦查局局长刘安成国际警务合作又一座里程碑”，中国警察网，http：//news.cpd.com.cn/n3559/c13163385/content.html，2012-08-05。

务；探讨结合我国国情建立与美国“黑水”公司类似的安保公司，为高风险地区的我国驻外机构和企业提供武装安全保障；适当放宽中国境外运营的安保公司的权限，如允许其在战乱地区拥有防卫性轻武器。这既避免了部署我国军警到海外安全保卫可能带来的外交风险，也大大提升了海外公民安保水平。[①] 目前，已有中国民营安保公司为海外公民提供高级保镖服务。[②] 2012 年 8 月，一个致力于保护海外华人安全的组织——全球华人安全联盟成立。该联盟首期在美国、俄罗斯、乌克兰，以及南美洲和中东等地区设立分支机构。华人在出国前可先在联盟接受有关安全、礼仪等方面的系统培训。出国后，华人可在该联盟设在海外的分支机构登记备案，在有任何安全保卫方面的需求时，随时可从该分支机构获得帮助。[③] 另外一家联盟，爱国者企业家联盟也于 2012 年成立，该联盟旨在帮助中国私营企业解决其走向海外市场的过程中所遇到的一些问题。[④]

---

① 江玮：《专访全国政协外事委员会副主任韩方明：探讨建立中国的“黑水”》，《21 世纪经济报道》2012 年 3 月 15 日第 3 版。2013 年 4 月 25—26 日，笔者在南非参加由斯坦陵布什大学（Stellenbosch University）中国研究中心与中国驻南非大使馆联合举办的一次关于非洲安全问题的研讨会上，遇到了应邀出席会议的山东华威保安集团负责人，该负责人表示华威公司与进入非洲的中国企业合作，为这些公司提供内部的安全保护工作（如为员工提供安全培训，负责内部财产保护等），但与当地有关部门联系的外部安全保护工作仍然由中国公司聘请当地保安公司来承担。他们表示，中国的安保公司在近期不太可能成为像美国黑水公司那样的安保公司，中国的保安公司进入国际市场还处于尝试阶段。他们希望通过与西方安保公司合作的方式进入国际市场。

② “天骄特卫要员保护特训营三亚开训”，http：//news. xinhuanet. com/photo/2012-03/18/c_ 122848511_ 2. htm。

③ 张宝峰：《全球华人安全联盟将于 8 月成立》，《参考消息》2012 年 6 月 21 日第 1 版。

④《民间社团助中国私企走向海外》，路透社北京 6 月 29 日电。载《参考消息》2012 年 7 月 2 日，第 5 版。

第五，中国和一些国家之间紧密的经济联系促使这些国家的公民主动敦促他们的政府为中国人提供安全保护。据非洲媒体报道，2012年上半年，在尼日利亚屡屡发生中国人遭受恐怖袭击事件。7月，尼日利亚“中国商品进口商协会”（Goods Made-in-China Importers Association，GMIA）呼吁尼日利亚政府采取措施加强对在尼日利亚的中国商人的保护，使他们免遭恐怖主义的威胁，并给予中国人相应的移民身份，因为中国是尼日利亚原油、农产品和其他原材料的第一进口国，中国人为尼日利亚创造了3500万个工作岗位。①

三、海外中国公民安全保护中的问题

上述新动向表明，海外中国公民安全保护的主体不断增加、保护手段日渐丰富。但是，在看到这些进展的同时，我们也不能忽视目前在海外中国公民安全保护方面仍然存在的一些值得思考的问题。

第一，中国公民的海外安全意识亟待加强。上文提到，海外中国公民的违法违规行为给自身安全带来了很大风险，这说明，十分有必要加强对中国公民海外安全意识的培养。尽管当前中国领事保护的预防机制取得了不少进展，公民可以通过网络、报纸、手机短

① “Nigeria：Group Seeks Protection of Chinese Nationals，” November 7，2012，http：//allafrica.com/stories/201211070522. html.

信等渠道获得海外安全信息。但是这其中仍然存在不少问题：（1）安全信息的内容还不够丰富，传播的渠道还有待进一步拓宽；（2）不少人，包括公民个人、从事外事工作的政府官员、“走出去”企业的负责人等对此还缺乏重视。① （3）中国政府，尤其是地方政府在此方面的作用还可以有更多的作为。②

第二，领事保护中的“供需矛盾”急需解决。海外中国公民的领事保护需求同政府的保护能力方面存在很大差距。2011 年，中国内地公民出境超过 7000 万人次，境外中资企业机构约 1.8 万家，企

---

① 2011 年 5 月笔者在去埃塞俄比亚首都亚的斯亚贝巴的飞机上，遇到了一批来自四川的去苏丹从事大坝建设的工人，在与他们的交谈中得知，他们对非洲和苏丹了解很少。他们只知道非洲国家不安全，但具体怎么不安全，在日常生活中和工作中需要注意些什么，一无所知。笔者 2011 年年底参加农业部举办的外事工作培训班时，得知农业部下属的各个层次的负责外事工作的负责人都不愿意向将赴非工作的农业技术人员强调有关国家的安全风险，他们表示，强调风险就派不出人到非洲工作了。2011 年 6 月，笔者在采访从利比亚撤离出来的央企分公司负责人时，他们表示，工人的文化素质低，在出国之前对他们进行太多的培训没有必要。到了当地上岗工作之前，跟他们讲讲注意事项就可以了。另外，中国企业在国外都是封闭式的管理，也不需要进行太多的有关当地安全形势的教育。

② 不久前在加纳发生了大批中国公民（其中大部分来自广西上林地区）因非法采金被加纳方面抓捕的事件。对此，北京大学李安山教授强调中国政府在这方面的责任。他认为，首先，政府有引导公民理性出国的责任。日本政府的驻外机构曾为日本人移民他国有详细的需求调研，并向国内提供各种驻在国职业信息，从而将移民与目标国的需求挂上钩。其次，中国政府在他们出国前有教育的责任。（以上见《北大非洲电讯》第 142 期，2013 年 6 月 11 日发布。）笔者十分同意李安山教授的观点，并认为，针对中国公民出国务工的工作性质与工人的地域来源有密切联系的特点，地方政府在加强海外公民安全意识培养方面可以发挥更大的作用。例如，山东省对外贸易经济合作厅于 2007 年 12 月 27 日开通省内首个对外劳务合作网站和外派劳务语音咨询电话系统，专为到国外打工的人提供劳务政策咨询和市场风险警示等服务。见《山东对外劳务合作网站暨外派劳务语音咨询电话系统开通仪式成功举办》，2007 年 12 月 29 日，http：//www.shandongbusiness.gov.cn/index/content/sid/32564.html。笔者认为，这种模式值得在其他地区推广。

业境外总资产已经超过 1.5 万亿美元，海外承包项目约 4000 个。[①] 面对这些日益增长的数字，中国领事保护工作资源捉襟见肘。在全球，中国仅设立了 80 多个领事机构，在亚洲、非洲和南美洲地区只有 39 个。[②] “驻外领事干部编制自 1994 年以来就再没有增加。与此同时，中国内地公民出境人次则增长了 10 多倍，领事保护案件增长了 70 多倍。大约 600 名驻外领事官员，平均每名领事官员要负责处理大概 13 万名在外中国公民的领事保护事务。”[③]

第三，临时安全保护与海外长期发展问题需统筹兼顾。这主要体现在两个方面，一是如何对海外违法犯罪的公民进行适度的保护；二是如何做好动荡地区中国公民安全的应急保护与中国海外利益长远发展规划的统筹安排。在南苏丹、阿富汗等局势动荡地区，中国公民的安全保护与中国海外利益的长远发展需要统筹规划。2011 年“利比亚撤离”的成本是巨大的，此次撤离行动模式也是不可持续的。

第四，在全球化不断深入发展的大背景下，影响海外中国公民安全的因素更为复杂。这主要体现在两点：（1）目前，既有大量的中国公民在国外，同时，由于经济迅速发展，中国也逐渐成为其他

① 2012 年 4 月 25 日，中国外交部领事司副司长、领事保护中心主任郭少春在广州举行的“海外安全文明”专题讲座，“外交部领事司：海外公民企业面临安全风险上升”，http：//news. sina. com. cn/c/2012-04-25/084124326398. shtml。

② 郭少春：“外交部领事司：海外公民企业面临安全风险上升”，http：//news. sina. com. cn/c/2012-04-25/084124326398. shtml。

③ 郭少春：《外交部领事司：海外公民企业面临安全风险上升》，http：//news. sina. com. cn/c/2012-04-25/084124326398. shtml。

国家公民长期居留的目的地。在中国的外国人待遇问题往往与在这些国家的中国公民的处境联系在一起。[①]（2）信息技术的发展使国家关系中的热点问题在瞬间得到广泛关注，海外公民的安全在一段时间内也受到国家关系中热点问题的影响。例如，2012 年 9 月，因钓鱼岛问题中日关系紧张。中国驻日本大使馆发布信息，提醒在日本中国公民注意人身安全。[②]

从总体来看，近年来，中国公民在海外遇到的安全风险更为突出，参与海外中国公民安全保护的力量日益多元化，保护方式逐渐多样化，影响保护的因素也越来越复杂化。正如外交部领事司负责人所言，做好海外中国公民的安全保护工作，是一项长期而艰巨的系统工程。[③]

① 2012 年 6 月 18 日，广州一名尼日利亚籍黑人男子因车费问题与当地一电动车主发生纠纷和打斗，双方被民警带至派出所处理，后来该男子昏倒在地，经抢救无效死亡。尼日利亚方面对此提出交涉。在尼日利亚的中国公民安全受到一定程度影响。具体可见《尼就其公民在广州“猝死”提抗议，中方承诺依法调查及时通报》，载《参考消息》2012 年 6 月 23 日第 8 版；夏莉萍：《中国涉非领事保护分析》，《西亚非洲》2013 年第 1 期第 35—36 页。

② 中国驻日本大使馆：“提醒在日本中国公民注意人身安全”，2012 年 09 月 17 日，http：//cs. mfa. gov. cn/lsfwlgk/t970009. htm。

③ 黄屏：“保护中国公民和企业安全是一个系统工程”，2012 年 02 月 07 日，http：//cs. mfa. gov. cn/lszt/dfxchdzt/lsbhxcnhdzt/t902378. htm。

第八章　实践理论与实践模式：中国参与金砖国家机制进程分析*

高尚涛**

近来，致力于构建中国国际关系理论的学者，把西方国际关系理论研究中的“实践转向”① 与中国的马克思主义实践学说和毛泽东的实践论结合起来，提出了一个具有中国特色的实践理论②。这

* 本文是国家社科基金重大项目《我国积极参与国际体系变革进程研究》（批准号：10ZD&055）实证部分的阶段性成果（有删节）。感谢匿名评审专家对论文初稿提出的宝贵建议，文中疏漏由作者负责。

** 高尚涛，外交学院博士、副教授，主要研究国际关系理论。本文即将发表在《外交评论》2015 年第 1 期，第 55—68 页。

① 朱立群、聂文娟：《国际关系理论的“实践”转向》，《世界经济与政治》2010 年第 8 期，第 98—115 页。

② 代表性的是秦亚青在其国家社科重大项目《我国积极参与国际体系变革进程研究》中所作的尝试，参见其“理论子课题”（即将出版）。秦亚青将实践理论与中国特色相结合，融入马克思主义实践哲学和中国传统文化中的实践思想，试图构建一个中国特色的实践理论。此前，国内出现了一些围绕西方实践理论框架进行分析的文章，参见朱立群、聂文娟《国际关系理论的“实践”转向》（《世界经济与政治》2010 年第 8 期）；朱立群《中国参与国际体系的实践解释模式》（《外交评论》2011 年第 1 期）；吴文成《联盟实践与身份承认：以新中国参与联合国教科文组织为例》（《外交评论》2012 年第 1 期）；冯继承《中国参与联合国维和行动：学习实践与身份承认》（《外交评论》2012 年第 1 期）；朱立群、聂文娟《从结构—施动者角度看实践施动》（《世界经济与政治》2013 年第 2 期）；赵洋《国家身份建构中的施动者、结构和实践：一项基于中国参与国际体系的研究》（《教学与研究》2013 年第 8 期）；孙凯《参与实践、话语互动与身份承认——理解中国参与北极事务的进程》（《世界经济与政治》2014 年第 7 期），等等，推动了中国国际关系理论研究的实践转向。

一理论通过对人类实践活动的基本进程进行观察和归纳，提出了实践条件、实践模式和实践与身份的因果关系。那么，这一理论分析框架是否可以有效地解释中国参与国际体系的实践活动、而中国的实践活动又可以对其具有怎样的启示呢？本文试图通过分析中国参与金砖国家机制的实践进程回答这一问题。

一、实践理论的基本分析框架

实践理论的核心概念主要是参与实践和身份承认。该分析框架认为，以国家行为体的参与实践为自变量，以行为体在国际体系内通过实践获得的身份承认为因变量，以实践逻辑为中介，可以建立起“参与实践”与“身份承认”之间的因果关系。具体关系机制是，国家参与国际体系互动进程的实践活动可以不断创造和凝聚国际共识，这些共识经过国际制度体系确认后，可以确定国家的新身份。国家利用新身份参与新的实践活动，可以对国际体系进程产生影响，推动国际体系结构发展变化①。

根据国家加入某一国际制度体系的阶段不同，该分析框架将参与实践活动分为五种不同类型：话语实践、联盟实践、学习实践、

① 秦亚青：《我国积极参与国际体系变革进程研究》之“理论子课题”（即将出版）。亦参见孙凯：《参与实践、话语互动与身份承认——理解中国参与北极事务的进程》，载于《世界经济与政治》2014 年第 7 期，第 48 页；朱立群：《中国参与国际体系的实践解释模式》，载于《外交评论》2011 年第 1 期，第 19—33 页。

遵约实践和创新实践[①]。话语实践是国家界定实践活动的过程，通过赋予实践对象以特定意义，建构适当认知框架，从而指导具体行为[②]。联盟实践是国家为实现特定利益目标对目标群体所做的动员和说服工作，是实践者从事的旨在说服对方接受、调整或放弃某些观念、态度、习惯和行为的活动[③]。学习实践是国家在参与国际体系过程中的模仿和学习行为，是实践参与者为应对陌生或不确定环境所进行的复制群体行为规范的行为[④]。遵约实践是国家参与国际制度后按照制度规范修正自身行为、调整与国际体系关系并重塑相互预期的行为。创新实践则是国家在参与国际体系实践过程中对国际制度运行方式、国际规则、议程以及宗旨等进行改革或创新行为[⑤]。

该理论认为，实践是在一定时空条件下进行的，这种时空条件表现为国家参与实践活动的国际体系环境和国内资源条件。国际体系主要是指国际制度体系，目前主要由西方国家创建，对后加入国而言，国际制度整体上表现出规范性、西方主导性和可渗透性的特

---

① Christian Büger and Frank Gadinger, "Reassembling and Dissecting: International Relations Practice from a Science Studies Perspective," *International Studies Perspectives*, No. 8, 2007, pp. 100-105.

② Audie Klotz, *Norms in International Relations: the Struggle against Apartheid*, Ithaca: Cornell University Press, 1995, pp. 29-33.

③ 赵鼎新：《政治与社会运动讲义》，北京：社会科学文献出版社 2006 年版，第 2 页。

④ Alastair Iain Johnston, *Social States: China in International Institutions 1980-2000*, New Jersey: Princeton University Press, 2008, pp. 23-46.

⑤ 参见秦亚青：《我国积极参与国际体系变革进程研究》之“理论子课题”（即将出版）。

点。国际制度的规范性意味着国家的参与实践是一个以遵守国际规范为主导的实践过程；西方主导性则决定了国家参与国际制度的实践既是一个学习过程，也是一个适应过程，国家的创新实践必须在适应和接受现有制度基础上进行；可渗透性表明国家可以加入国际制度并对其规范进行调整。国际制度对制度内外的国家所构成的约束和提供的渗透机会不同，构成了国家参与实践环境的不同。

国内资源主要包括三个方面：国内制度、国内利益和国内规范[①]。国内结构是国家进行参与实践的核心动力，也是国际制度规范进入一国国内并获得支持和产生影响的干预力量。各国的制度因其所界定的政府与社会关系不同而差异很大，这种差异会影响国际制度规范进入一国并得以传播的机会。国内利益考量和规范匹配程度会影响国家对参与实践的选择。一国越认为接受某个国际规范有助于其获得重要物质利益，就越有利于这一规范在其国内的传播。国内规范与国际规范的匹配程度则决定了国内规范适应和调整的压力大小，决定着国际制度规范在国内传播的阻力和影响力。总之，国内资源的制度、利益和规范三个因素导致国家在参与实践中的政治接受程度（敏感度）不同，表现为完全接受、部分接受、有条件接受和政治排斥四种不同结果。

该分析框架认为，国家的参与实践活动不断产生新的社会共识，这些共识可以在国际制度的不同层面上得以确认，界定国家的

① 朱立群、林民旺等：《奥运会与北京国际化——规范社会化的视角》，北京：世界知识出版社 2010 年版，第 29 页。

新身份。所以，国家在国际制度内的身份承认分为形式承认、分配承认和价值承认。形式承认即代表权层面的承认，这是一种有限承认，一方面国际制度的资深成员国集体承认新加入国家正式进入体系，另一方面未必承认后者具有与其自身相同的权利和尊严。分配承认是一种物质层面的实质性承认，主要是指对具有分配意义的投票权和在制度中地位的承认，反映的是国家在体系内利益实现的程度。价值承认是一种精神层面的实质性承认，是国家在相互交往中，在尊严、平等、尊重基础上的承认。[①]一个国家进入国际制度体系后，其成员国身份在得到了所有三个层面的承认后，就成为一个具有完全身份的资深成员国了。

实践理论分析为我们观察国际关系提供了一个全新的动态视角，但是，我们可以用这一分析框架很好地分析中国参与金砖国家机制的发展进程吗？我们知道，金砖国家机制是近八年来出现和机制化的国际组织，起源于美国高盛公司将巴西、俄罗斯、印度、中国等新兴市场国家联系在一起进行观察和分析的研究行为[②]。高盛公司的研究报告使“金砖四国”的称谓风靡全球，四国在金砖框架内的合作随之出现并不断扩大和深化，至今已发展为有五国参加的金砖国家机制[③]。那么，这一发展进程是否符合典型的实践理论模型呢？

---

① 以上理论部分阐述主要参考秦亚青：《我国积极参与国际体系变革进程研究》之“理论子课题”（即将出版），同时综合参阅其他相关文献。

② 王玉华，赵平：《“金砖国家”合作机制的特点、问题及我国的对策》，《当代经济管理》2011 年第 11 期，第 24 页。

③ 同上，第 24 页。

二、中国参与金砖机制之初的实践类型与共识形成

截至目前为止，金砖国家机制的发展进程可以分为两个大的关键阶段。第一个关键阶段就是金砖国家机制的筹备和初创阶段，第二个关键阶段则是金砖国家机制不断成型和实体化的六次首脑峰会，其中最主要的有三次峰会。我们首先考察金砖国家机制建构的筹备和初创阶段，中国在什么样的资源条件下，通过怎样的实践活动，凝聚了哪些重要共识。以及，这些方面是否与实践理论的描述一致。

（一）中国参与金砖机制的实践资源

根据实践理论的解释，实践资源主要是指中国参与国际体系的国际环境与国内资源两大条件要素。那么，这两个条件是否直接影响了中国参与金砖国家机制的行为选择呢？

首先，从国际环境方面看，改革开放后，中国与外界的联系增多，发展机会也随之大增。为了充分利用国际体系的制度规则发展自己，中国必须加入已有的成熟国际制度。但是，当时的国际制度普遍由西方国家（尤其是美国）主导，中国要加入这些国际制度，必然要经历一个说服对方接纳中国的过程，还要经历一个不断学

习、适应、遵守其国际制度规范的过程。而且，中国加入这些国际制度后，名义上可以利用国际制度的可渗透性对其中的一些规范进行调整和创新，但是，西方国家留给中国的活动余地不大。国际制度体系的西方主导性决定了中国不能在其中“过度”发挥，表现在创新实践方面，在制度规则的制定、修订和组织内权利与义务的分配等问题上，中国发言权很小。这一窘境不仅与中国日益发展的大国地位不相称，也极大限制了中国进一步发展的空间。因此，中国必须另辟蹊径，适时建构自己主导的全球性国际组织。基于这一考虑，中国将目光转向了金砖国家概念，希望通过一系列创新实践，将这一概念转化为一个以新兴发展中国家为主导的实体性合作机制。这意味着，国际体系环境是推动中国创建金砖国家机制的重要因素。

其次，中国的国内资源条件也对参与构建金砖国家机制有利。从国内制度看，中国具有集中力量办大事的体制性优势，可以集中国内有关力量，努力将金砖国家聚合在一起。同时，中国推动构建金砖国家合作机制，有利于贯彻和平发展战略，增进金砖国家之间的协调合作，提高本国的国际影响力，完全符合中国的国家利益，所以，中国参与构建金砖国家机制，比较容易取得国内认可，不大存在国内接受的问题。加之中国参与金砖国家机制的创建工作，可以在这一合作机制的规范设置上充分考虑其与国内规范的相容性，有利于其尽快在国内普及甚至内化。所以，中国构建金砖国家合作机制的国内资源条件比较充足，国内动力足够。

(二) 中国参与金砖国家机制之初的实践类型

根据实践理论，国家参与国际体系的实践活动分为五个基本类型。在中国参与金砖国家机制的初期实践中，我们可以清晰地分辨出其中的三种：话语实践、创新实践和联盟实践。

中国参与金砖国家机制的话语实践，初期主要是围绕金砖国家概念，赋予其体现中国国际组织新追求的确切含义：重新界定此前仅存于高盛研究报告中的金砖国家概念，将其定位为新兴世界大国——中国以发起人和核心成员身份组织并参与的第一个全球性的、非西方主导的国际组织，并以此指导中国的实践活动。中国确信，通过构建这一国际组织，可以增加自身在国际关系中的社会性权力，落实"结网巧战略"，通过国家间平行关系网络的编织而非等级权力地位的争夺，和平追求全球大国地位[①]。为此，中国还将参与金砖国家机制写进了十八大报告，将其作为"积极参与多边事务"的四大平台之一[②]。然而，这时，中国的话语实践所界定的金砖国家机制的新含义，还仅仅是中国的个体认知和个体观念，它只能从中国角度单方面界定金砖国家机制的可能轮廓和中国创始国的

---

① 庞珣："'金砖国家'组织：中国大国外交的'结网巧战略'"，2014年5月30日，清华—卡内基全球政策中心网站，http：//www.carnegietsinghua.org/2014/05/30/金砖国家—组织—中国大国外交的—结网巧战略/hcdk，2014年10月5日登录。

② 胡锦涛："在中国共产党第十八次全国代表大会上的报告"，2012年11月8日，载人民网，http：//cpc.people.com.cn/n/2012/1118/c64094-19612151-11.html，2014年10月12日登录。中国积极参与多边外交的其他三大平台为：联合国、上海合作组织、20国集团。

个体身份，这一个体身份有待于中国通过联盟实践形成集体共识后进行集体确认，形成集体身份。

中国在参与金砖国家机制之初的创新实践至关重要，它决定了金砖国家机制是否可以被相关国家接受、能否从概念变为现实。中国必须事先为想象中的金砖国家机制绘制一个美好蓝图，以吸引其他相关国家加入。为此，中国合理规划了金砖国家机制化合作框架及其发展路线图，并提出了合理的内部协商原则。根据中国设想，金砖国家合作机制主要建立包括首脑会晤、外长会晤、国家安全事务高级代表会晤、财长会晤在内的各级别会晤机制，全面深化和具体化各国的协调与合作。发展路线图则主要是争取通过首脑峰会完成一系列事关金砖国家机制化合作成败的关键步骤，前期至少包含三个方面，一是确立金砖国家合作的机制化发展方向和全球治理诉求；二是提出并批准致力于巩固金砖国家机制化合作的行动计划，明确全球治理的基本立场；三是规划成立金砖国家开发银行和应急储备安排，奠定金砖国家机制的实体支柱①。此外，中国积极主张将“协商民主”原则作为金砖国家内部进行对话和讨论的基本原则，并以身作则积极践行。这些积极有效的创制活动，为金砖国家机制的发展和壮大奠定了坚实基础。

在上述工作基础上，中国积极劝说各金砖当事国接受中国对金砖国家机制的新认识，认可金砖国家机制的合作框架和协商民主原

---

① 徐立凡：《“金砖国家”合作迎来第三个节点》，《新京报》。转引自新华网，http：//news. xinhuanet. com/world/2014-07/15/c_ 126752795. htm。2014 年 10 月 1 日登录。

则，接受中方倡导的金砖国家发展方向和实体化步骤，同意与中国一起推动金砖国家机制的创立。为充分调动其他金砖国家的参与积极性，避免造成中国强势的负面印象影响金砖国家合作，中国制定了独具特色的实践策略，即充分发挥中国的协商民主优势，与其他国家进行协商，由它们提出大家均可接受的合作建议。另一方面，中国尽量寻求金砖国家的利益契合点，推动其他国家主动接受中国的合作建议。事实证明，中国的这些做法取得了明显成效。俄罗斯、印度、巴西三国一致同意与中国共建金砖国家机制。

（三）中国参与金砖国家机制之初的共识形成

实践理论认为，参与实践可以催生和凝聚集体共识，这一点在中国参与创建金砖国家机制之初的实践活动尤其是联盟实践中表现得比较明显。这些新产生的共识主要包括以下三点：

第一，俄罗斯、巴西、印度对中国将金砖概念机制化的创造性构想表示认可。俄罗斯与巴西和中国同为新兴市场国家，且与中国关系较好，在 2008 年全球经济危机背景下，中国经济一枝独秀，两国都希望联合中国发展自身，摆脱西方经济危机拖累，提高本国影响力，与中国共建公平、民主、多极的世界秩序[①]。所以，两国在创建金砖国家机制的大思路上几乎与中国一拍即合。印度与中国存

① ［印度］辛仁杰，［中］孙现朴：《金砖国家合作机制与中印关系》，《南亚研究》2011 年第 3 期，第 88 页。

在边界纠纷等历史遗留问题，但是，其对与中国共建金砖国家机制的提议也非常积极。印度相信，金砖国家机制能够成为新兴市场国家自己的正式多边合作平台，提升新兴市场国家的话语权、解决发展中大国之间的关系问题、帮助印度在联合国发挥更大作用、进一步提升印度的国际地位。所以，一向不和的印度国大党和人民党，都对参与金砖国家合作持积极态度，印度民众也普遍欢迎金砖国家召开峰会①。

第二，三国同意与中国一起作为创始国创建金砖国家机制，并认可中国构想的机制化步骤。经中方协调和推动，俄罗斯同意率先组织金砖四国于2006年9月在联大会议期间举行外长会晤，讨论金砖国家合作问题。中国积极回应并大力配合，印度、巴西两国也乐见其成。首次外长会晤取得圆满成功，随后，四国决定每年举行一次外长例会，讨论金砖框架内的协调合作问题，并为金砖国家召开首脑峰会做准备。这样，金砖国家合作机制化正式启动。

第三，金砖各国一致同意将中国提议的协商民主原则作为金砖国家的基础行为准则。金砖国家机制从酝酿成立之日起，中国就与其他各国坚持了平等民主协商的议事准则，这一做法得以坚持并逐渐明确化。在第一次金砖国家峰会上，中国时任国家主席胡锦涛提议通过对话和交流，把金砖国家机制建成国际上相互尊重、平等协商的典范。在第四次金砖国家峰会上，胡锦涛明确提出“坚持平等

① ［印度］辛仁杰，［中］孙现朴：《金砖国家合作机制与中印关系》，《南亚研究》2011年第3期，第90页。

协商”的原则。这一原则得到金砖国家的普遍欢迎和一致认可，成为各层面历次金砖国家会议和会谈的基本模式，也成为金砖国家遵循开放透明、团结互助、深化合作、共谋发展原则和“开放、包容、合作、共赢”的金砖国家精神的基础①。

三、中国推动金砖国家机制发展的三个实践节点

中国推动金砖国家机制发展的第二个关键阶段，亦即三个意义重大的发展节点，是金砖国家首脑第一次、第三次和第六次峰会。在这三次峰会中，中国的参与实践不断深化，新的集体共识不断产生。

（一）首次峰会期间的创新实践、联盟实践和机制化合作共识

2009 年 6 月 16 日，金砖四国领导人在俄罗斯叶卡捷琳堡举行首次会晤。在这次会晤中，中国精心构想了会议的议程和目标，即“开好头，起好步”，实现金砖国家合作机制化②，并就此与其他金

① “‘金砖国家’领导人俄罗斯叶卡捷琳堡会晤联合声明”，中国外交部网站，2009 年 6 月 17 日，http：//www. fmprc. gov. cn/chn/pds/ziliao/1179/t568224. htm。2014 年 10 月 17 日登录。

② 时任中国外交部国际司司长吴海龙会前吹风会。参见《中国主张“金砖四国”合作应循序渐进》，新华网，2009 年 6 月 16 日，http：//news. xinhuanet. com/world/2009-06/16/content_ 11550375. htm。2014 年 10 月 17 日登录。

砖国家尤其是主办方俄罗斯密切磋商、达成一致。此外，中国还与其他金砖国家反复磋商，共同确定了会议主题：防范国际金融危机蔓延、推动国际金融体系改革，注重非传统安全①，确立金砖四国互相合作、共同发展的机制化合作关系②。至于会谈成果，中国希望形成四国联动，本着开放和透明原则，加强平等对话、交流合作，共同维护发展中国家的整体利益，推动世界经济恢复和增长③。

经过友好协商，首次峰会不仅达成了金砖四国进行机制化合作的重要共识，确立了全球治理的功能性诉求，还在具体合作领域方面达成了重要共识，如金砖国家一致支持二十国集团领导人金融峰会，共同承诺推动国际金融机构改革，一致同意在能源领域开展国际合作等④。

（二）第三次峰会期间的创新实践、话语实践和行动共识

2011 年 4 月 14 日，金砖国家领导人在中国三亚举行第三次首脑峰会。在这次峰会上，中国积极地、创造性地设计会议议程并确

---

① 王逸舟：《“金砖国家”共谋未来志向》，《商周刊》2009 年第 13 期，第 12—13 页；秦治来：《“金砖国家”首次峰会：奏响合作共进的新和弦》，《国际瞭望》2009 年第 5 期，第 47—48 页。

② 秦淮仕：《后危机时代的“金砖国家”》，《大经贸》2009 年第 7 期，第 20—21 页。

③ 李刚强：《从“金砖国家”峰会看中国发展之路》，《中国检验检疫》2009 年第 8 期，第 45—46 页。

④ “‘金砖国家’领导人俄罗斯叶卡捷琳堡会晤联合声明”，中国外交部网站，2009 年 6 月 17 日，http：//www. fmprc. gov. cn/chn/pds/ziliao/1179/t568224. htm。2014 年 10 月 17 日登录。

定会谈主题。中方设计了小范围会谈、大范围会谈、领导人共同会见记者、中国领导人为参会的金砖国家领导人举行欢迎午宴等会议和会谈形式，并于会晤正式开始前，密集展开双边会见和会谈，以充分联络感情、协调立场和凝聚共识。中方将此次首脑会晤的主题定位于“展望未来、共享繁荣”，会谈议题包括国际形势、国际经济金融问题、发展问题以及金砖国家的务实合作等，突出了以问题讨论引领机制建设、解决问题与完善机制并举的中国思路①。

在会议筹备阶段，中国为邀请南非加入金砖国家机制而积极进行观念创新。中国认为，南非加入金砖国家机制，有利于丰富金砖会议的非洲议程，增加该机制的广泛性、代表性和开放性，增强金砖国家机制的经济总量，提高其国际影响力，增加其国际话语权，符合中国对金砖国家的期待和金砖国家机制的发展方向。中国就上述新认识与其他金砖国家进行密切沟通并达成初步共识，并就邀请南非加入金砖国家机制事宜与南非进行沟通并达成一致意见。2010年12月，中国与俄罗斯、印度、巴西一致商定，吸收南非作为正式成员加入金砖国家机制②。

三亚峰会对金砖国家未来合作做出了明确规划，确定了金砖国家合作的新起点，达成了一系列重要共识，如国际货币和金融体系改革、经济贸易领域合作、全球气候变化等，阐明了金砖国家未来

① “胡锦涛将在金砖国家领导人会晤中发表重要讲话”，中国新闻网，2010年4月2日，http：//www. chinanews. com/gn/2011/04-02/2950726. shtml。2014年10月17日登录。

② “‘金砖国家’合作机制已吸收南非为正式成员”，人民网，2010年12月28日，http：//finance. people. com. cn/GB/8215/210272/217786/217814/14246548. html。2015年1月10日登录。

合作的主要方向。为落实上述共识，三亚峰会专门制订了“行动计划”，推动金砖国家机制由虚到实迈出重要一步①。

（三）第六次峰会期间的创新实践、联盟实践和实体化共识

2014年7月15日，金砖国家领导人在巴西福塔莱萨举行第六次首脑会晤。在本次峰会上，中国不仅对会议重大议题提出建议，还对金砖开发银行设立和应急储备安排的建设方式提出可行性方案。中国将此次峰会定位为金砖国家合作的新起点、新愿景、新动力，力争通过良好协调，规划新的合作蓝图，发展更紧密、更全面、更牢固的伙伴关系，使金砖国家在重大国际和地区问题上共同发声、贡献力量②。而使金砖国家机制关系更牢固的合作蓝图，主要是正式建立金砖开发银行和应急储备安排。为此，在反复协商、斟酌并吸取其他国家意见的基础上，中国最后提出了一个为各方接受的最终解决方案。

中国充分发扬协商民主，力促形成共识，表现为两个方面，一是通过协商和说服工作，将中国对此次峰会的构想和设计贯彻落实；二是通过与其他国家协商，确定设立金砖开发银行和应急储备安排的最终解决方案。对于第一方面，各国分歧不大，在中国的建

① “金砖三亚峰会达成广泛共识取得三方面重要成果”，中国新闻网，2011年4月14日，http：//www. chinanews. com/gn/2011/04-14/2973969. shtml。2015年1月10日登录。

② “习近平出席金砖国家领导人第六次会晤并发表重要讲话”，人民网，2014年7月17日，http：//world. people. com. cn/n/2014/0717/c1002 - 25293499. html。2014年10月9日登录。

议下，东道国巴西充分考虑了中国的建议，将其融入会议议题中。说服金砖各国确立金砖开发银行和应急储备安排的解决方案，困难较大。最后，中方中和各国提案，积极推动各方在各个多边、诸边议题和新合作领域上进行良好沟通协调，历经七轮谈判，终于达成全面共识。

最后，福塔莱萨峰会决定成立机制内环国家开发银行和应急储备安排。金砖国家开发银行法定资本 1000 亿美元，初始认缴资本 500 亿美元，由创始成员国平等出资；银行首任理事会主席将来自俄罗斯，首任董事会主席将来自巴西，首任行长将来自印度；银行总部设于上海，同时在南非设立非洲区域中心。应急储备安排的初始承诺互换规模为 1000 亿美元，各国最大互换金额分配如下：中国 410 亿美元，巴西、印度和俄罗斯各 180 亿美元，南非 50 亿美元①。

四、中国参与金砖国家机制的身份变化与国际影响

在中国与其他金砖国家的共同努力下，金砖国家机制由概念走向现实。在这一发展过程中，中国的参与实践不断催生集体共识，这些共识不断确认中国的新身份，赋予中国新动能。

① “金砖国家领导人第六次会晤福塔莱萨宣言（全文）”，人民网，2014 年 7 月 17 日，http：//world. people. com. cn/n/2014/0717/c1002-25293132. html。2014 年 10 月 17 日登录。

（一）金砖国家机制确认中国新集体身份

金砖国家概念产生以来，中国审时度势，抓住时机，围绕这一概念积极进行意义建构，形成了中国的个体观念：金砖国家平台化对中国和平发展与和平追求大国地位有利，中国有必要推动这一概念转化为现实国际机制。中国的这一个体观念，建构了中国的个体身份：积极充当金砖国家机制的创始国。中国在这一个体观念和个体身份驱动下，与俄罗斯、印度、巴西三国积极沟通，达成四国共建金砖国家机制的共识，金砖国家机制的平台价值和创建必要性转变为金砖国家的集体共识。这一集体共识不仅直接推动了金砖国家会议的召开和金砖国家机制的建立，而且确认了中国从金砖国家创始国的个体身份向金砖国家创始国的集体身份成功转化。不过，在开始，这种确认中国新身份的方式还仅仅是形式承认。

2009 年 6 月举行首次首脑会晤后，中国倡导的以“平等协商”为核心的协商民主原则也为金砖国家接受，成为金砖国家机制的一个基础原则和规范。这一集体规范直接确定了中国参与金砖国家机制的平等权利和对等义务，即中国作为金砖国家机制的发起国和推动国，与其他国家一样，在金砖国家机制内享有平等权利，对金砖国家机制的形成和发展承担对等义务。其中，平等权利包括可以平等提出和制定会议议程、确定会谈主题、主导或参与重大决策等。这意味着中国参与金砖国家机制的身份，进一步得到了实质性承认，既包括体现权利和利益的分配承认，也包括体现身份平等和社会正义的价值承认。

2011 年 4 月 14 日，金砖国家第三次首脑峰会进一步强化了金砖国家合作机制，提出了旨在坐实务实合作的行动计划。在行动计划的起草和协商一致过程中，中国作为金砖国家机制创始成员国的身份得以充实，该身份的分配承认和价值承认得以强化。2014 年 7 月 15 日的金砖国家第六次领导人峰会，决定成立机制内金砖国家开发银行，初始认缴资本由创始成员国平等出资，银行总部设在上海。这一共识不仅进一步确认和坐实了中国创始成员国的身份，还继续充实和深化了对中国身份的分配承认和价值承认[①]。中国作为金砖国家机制创始成员国、拥有平等权利和对等义务的集体身份被牢固确立下来。

（二）中国利用新身份对国际进程产生的影响

中国在上述新身份建立之初，就开始利用这一身份和金砖国家机制平台，积极参与国际体系互动，对国际体系进程产生了重大影响，推动国际体系结构发展变化。

第一，中国借助金砖国家机制平台对二十国集团的影响最为突出。在 2009 年 6 月的金砖国家首次峰会上，中国与其他金砖国家协

① 詹妮弗·克莱格：《走出危机：金砖国家能否推进建立国际经济新秩序》，《海派经济学》2012 年第 4 期，第 41 页。

调配合，呼吁相关国家积极落实2009年4月2日在伦敦召开的二十国集团领导人金融峰会共识，确保2009年9月在匹兹堡举行的二十国集团峰会取得更多进展[①]。在中国和其他金砖国家的集体推动下，二十国集团领导人于2009年9月25日在美国匹兹堡达成共识，同意提高新兴市场国家和发展中国家在国际货币基金组织中的份额[②]。为落实这一共识，2010年10月21日，以中国为代表的金砖国家在二十国集团财长和央行行长会议上，与各与会国夜以继日地谈判，终于就国际货币基金组织份额改革达成协议。中国份额从3.81%[③]升至6.19%，超越德国、法国和英国，仅次于美国和日本，位列第三，但美国仍有否决权。金砖国家总份额上升至14.18%，全部新兴经济体份额上升至42.29%[④]。如果这一分配方案得以实施，国际经济秩序将发生历史性转变[⑤]。

第二，金砖国家在世界气候变化会议中集体发声，对国际气候政治进程产生重大影响。2009年12月7日至18日，《联合国气候变化框架公约》第15次缔约方会议暨《京都议定书》第5次缔约

① 蔡春林、刘畅、黄学军：《金砖国家在世界经济中的地位和作用》，《经济社会体制比较》2013年第1期，第40—49页。

② “历次二十国集团峰会”，新华网，2009年9月27日，http：//news.xinhuanet.com/ziliao/2010-06/25/content_13740039.htm。2014年10月5日登录。

③ 桑百川、刘洋、郑伟：《金砖国家金融合作现状、问题及前景展望》，《国际贸易》2012年第12期，第33页。

④ “G20财长和央行行长会议闭幕承诺不打货币战争”，中国网，2010年10月24日，http：//www.china.com.cn/economic/txt/2010-10/24/content_21185555.htm。2014年10月7日登录。

⑤ 桑百川、刘洋、郑伟：《金砖国家金融合作现状、问题及前景展望》，《国际贸易》2012年第12期，第32—44页。

方会议（哥本哈根联合国气候变化大会）召开，为 1997 年《京都议定书》2012 年减排目标到期后各国减排行动作出安排。但是，发达国家对完成减排任务反应消极，美、日、欧盟等排放大户在减排承诺上要么只说不做，要么拒不接受发展中国家的要求。为此，中国、印度、巴西、南非（号称“基础四国”）代表金砖国家，联合 77 国集团主席国苏丹代表，集体发声，要求发达国家继续坚持《京都议定书》，完成第二承诺期减排量化指标；同时，主张哥本哈根气候变化大会成果应包括长期合作愿景、减缓、适应、资金和技术转让等发展中国家关心的内容。在 2012 年 11 月 26 日至 12 月 7 日的多哈气候大会上，中国、印度、巴西、南非四个金砖国家，再次集体发声，积极推动按照“共同但有区别的责任”原则落实量化减排任务。在金砖国家的共同努力下，多哈会议成果基本达到了中国预期①。

第三，金砖国家开发银行和应急储备安排，是中国以金砖国家机制创始会员国身份、以金砖国家机制为平台，推动落实的一项足以决定金砖国家机制化发展方向并改变世界经济布局的重大的建设性措施，对国际金融格局具有重大影响②。其一，建立金砖国家开发银行和应急储备安排，为金砖国家机制搭建了实体支柱，推动金砖国家向实实在在的“利益共同体”迈近一步，传递出金砖国家资

① “解振华：多哈大会完全达到中国预期 对结果满意”，中国新闻网，2012 年 12 月 9 日，http：//finance. chinanews. com/ny/2012/12-09/4393378. shtml，2015 年 1 月 9 日登录。

② 蔡春林，刘畅，黄学军：《金砖国家在世界经济中的地位和作用》，《经济社会体制比较》2013 年第 1 期，第 40—49 页。

源聚合、利益捆绑、合作务实的发展取向[①]。其二，金砖国家开发银行不仅可以从事基建项目投融资，还可以满足成员国乃至发展中国家在经济转型过程中的深层需求，并在承担成员国之间跨境结算、货币互换等业务等方面发挥更大作用。其三，金砖国家开发银行和应急储备安排可以对当前的国际金融秩序形成补充，把部分国际金融规则的制定权交回发展中国家手中，从而推动国际金融秩序发生有利于新兴经济体的改变[②]。

第四，中国还利用金砖国家机制平台，积极推动世界发展模式多样化和国际关系民主化。金砖国家作为新兴经济体，在实现经济快速发展方面具有共同点，即通过积极扩大对外开放，利用外部资源和市场条件发展本国经济。但是，金砖国家中每个国家的具体发展道路又各不相同。承认世界政治、经济、社会进程发展的多样化，采取包容合作的基本态势，是金砖国家合作的重要基础，也应是国际社会的重要规范。此外，民主的平等协商是金砖国家机制化合作的一个基本原则。在金砖国家机制框架内，成员国之间没有高低贵贱和领导与被领导之分，平等拥有独立自主和自行选择本国社会制度、发展道路的权利。所以，金砖国家机制为新兴经济体提供了真正平等对话的舞台，使它们不必委身于西方国家强势主导的国际组

① 汤凌霄：《金砖国家开发银行成立的现实动因》，《社会科学学报》，转引自中国社会科学网官网，2014年8月21日，http：//unt. cssn. cn/zx/bwyc/201408/t20140821_1299913. shtml。2014年10月20日登录。

② 詹妮弗·克莱格：《走出危机：金砖国家能否推进建立国际经济新秩序》，《海派经济学》2012年第4期，第43页。

织，有助于推动国际关系的民主化进程[①]，稀释当前国际体系中存在的等级制度和权力压迫，对国际政治经济进程产生深远影响。

五、结　语

分析发现，中国主动参与金砖国家机制创建和发展的过程，体现出清晰的实践逻辑：中国在国际体系环境和国内外资源条件驱使下，推动了创建金砖国家机制的系列参与实践活动，凝聚了金砖国家机制产生和中国作为平等成员国参与合作、集体行动的共识，这一共识在经过金砖国家机制确认后，赋予了中国参与国际交往的全新集体身份——拥有平等权利和对等义务的金砖国家机制创始成员国[②]。这一新身份又可以引导中国在国际体系中发挥新作用，影响国际体系发展进程。

需要指出的是，实践理论是一个最大化的分析框架[③]，它归纳了五个实践模型。国家行为体在加入一个成熟的国际组织时，通常需要经历这五个实践过程：首先通过话语实践，从我与他者关系上

---

① 吕有志：《论“金砖国家”的国际影响力及其制约因素》，《国际展望》2011 年 3 期，第 32 页。

② 中国是金砖国家机制的创始国，这一身份在金砖国家机制建立后，在金砖国家框架内得到了追认。

③ Bruno Latour and Steve Woolgar, *Laboratory Life: The Construction of Scientific Facts*, Princeton: Princeton University Press, 1986；王阳：《拉图尔的理论定位》，《哲学动态》2003 年第 7 期，第 19—24 页。

界定这一组织，为自己加入组织寻找依据和提供指导；然后，国家需要经过联盟实践，说服国际组织成员相信和接受自己，以使自己被成功接纳；进入国际组织后，新来乍到的国家需要通过学习和模仿，熟悉组织规则，尽快适应并融入组织，即进行所谓的学习实践；国家了解了组织规则后，需要遵守规则甚至不断内化规则，此即遵约实践；最后，国家变得熟谙组织规则并能充分利用这些规则，久而久之，国家会发现组织规则的漏洞和问题，并试图利用组织的可渗透性对其进行改造，于是就有了所谓的创新实践。这五个实践模型完整描述了一个组织外国家加入一个成熟国际组织所经历的实践过程。

但是，并非所有国家的参与实践都完整地包含上述五个实践模式。当一个国家从无到有开始创建一个全新的国际组织时，其所经历的实践过程就不如理论所述那么典型。国家在发起创建一个全新的国际组织时，一般先需要话语实践，界定一个未来组织的可能轮廓，然后通过联盟实践劝说其他国家相信和接受这一可能的组织形式，并争取其加入。接下来，国家需要通过创新实践，制定组织规则，并通过联盟实践，与其他相关国家达成共识。此后，才是内化组织规则的遵约实践，以及将来可能出现的进一步创新实践。在这里，对国际组织的创始国而言，学习实践表现得不很典型，而创新实践则表现得十分明显。这就是中国参与金砖国家机制创立的实践过程对实践理论的启示。

实践理论对于完善和推进有中国特色的大国外交战略也有一定

启发意义。实践理论揭示，国家在学习和遵约的基础上，积极通过话语实践、联盟实践和创新实践，不断凝聚新共识、开创国际实践新进路。而有中国特色的大国外交战略要求中国以更加积极有为的姿态投入国际交往，在交往过程中明确中国责任、提出中国方案。这意味着，有中国特色的大国外交战略可以在实践理论的启示和推动下继续完善和发展。

分析证明，实践理论是一个基本可行的理论分析和解释框架，其对中国作为世界性大国合理构建并充分利用国际制度平台发挥更大作用、推动有中国特色大国外交战略的发展和实施，具有重要指导意义。

第二部分　北京市对外交往与外事管理

第九章　关于完善外国留学生法制化管理的几点建议

许军珂

第十章　论北京市涉外突发事件管理　夏莉萍

第十一章　从文化角度看北京市的国际化社区建设

——以麦子店、望京社区的发展为例　牛仲君

第十二章　北京市涉外突发事件的调查分析和政策建议

杨　晖

第十三章　北京市外国驻华使馆的历史与现状　李潜虞

第十四章　北京市对外体育交流的现状与发展对策研究

周庆杰　王　莉　孟　涛　林北生

第九章　关于完善外国留学生法制化管理的几点建议

许军珂*

自1950年接受第一批来自东欧国家的33名留学生起，中国来华留学生教育工作开始起步并稳步发展。随着中国社会政治稳定、经济建设持续高速发展、综合国力和国际地位显著提高，特别是加入世界贸易组织以来，招收外国留学生的工作取得了前所未有的大发展，来华留学生数量大幅度增加，年均增长速度超过30%（资料来自中国新闻网，2007年9月6日）。外国留学生存中国长期居留，涉及日常生活、工作就业、房屋租赁、婚姻家庭、子女上学、遗产继承、宗教需求、社团组织、永久居留等诸方面的问题。

改革开放初期，中国对留学生的管理主要以政策性指导文件为

---

* 许军珂（1965—），外交学院国际法系主任、教授、法学博士。本文原载于《河北北方学院学报（社会科学版）》第26卷第6期，第70—73页。

依据，而且一些管理规章制度落后，形成了“人治”大于“法治”的局面①，随意性很大，影响了对外国留学生的吸引力。随着改革开放的不断深入。来华留学人数的急遽增加，涉及的问题越来越复杂，需要多个部门、多个环节、多方面因素的配合。因此，外国留学生的管理，对教育和管理形式提出了新要求，以往的管理模式受到了挑战。各部门如果配合不好，处理问题不利，往往会出现扯皮的现象，不仅影响管理和工作效率，还会影响中国的整体形象和国际声誉。因此完善相关法律法规。明确职责权，避免个人意志在管理学生过程中的影响，依法管理留学生是大势所趋。

一、外国留学生法制化管理的主要依据

目前，中国关于外国留学生管理的法律法规涉及三个层次：全国人民代表大会制定的法律、国务院有关部门制定的行政法规及最高人民法院的司法解释和地方政府制定的相关法规。

全国人民代表大会制定的相关法律包括2004年修订的《中华人民共和国宪法》、1980年《中华人民共和国国籍法》、1985年《中华人民共和国外国人入境出境管理法》、2000年第二次修订的《中华人民共和国专利法》中第18条和19条、2001年修订的《中华人

① 王永秀：“浅谈来华留学生教育与管理的两大问题”，《中国校外教育杂志》，2008年8期，第51页。

民共和国著作权法》中第2条、1985年《中华人民共和国继承法》第36条等，这些法律不是专门针对外国留学生的，多是指导性原则规定，普遍适用于所有外国人。

第二层次的行政法规和司法解释又分为两个方面：一是适用于所有外国人的，如1985年最高人民法院关于《贯彻执行〈中华人民共和国继承法〉若干问题的意见》、1988年最高人民法院《关于贯彻执行〈中华人民共和国民法通则〉若干问题的意见（试行）》、1992年最高人民法院《关于适用〈中华人民共和国民事诉讼法〉若干问题的意见》、1996年《外国人在中国就业管理规定》、2001年国务院《中华人民共和国专利法实施细则》、2001年国务院《计算机软件保护条例》、1983年民政部《中国公民和外国人办理婚姻登记的几项规定》、2003年国务院《婚姻登记条例》、2003年民政部《婚姻登记管理暂行规范》、2004年民政部《关于贯彻执行〈婚姻登记条例〉若干问题的意见》等。二是专门适用外国留学生的法规和司法解释，包括1984年《外国留学生办理海关手续须知》、1985年《外国留学生管理办法》、1988年《关于招收和培养外国来华留学研究生的暂行规定》、1989年《外国留学生在校学习期间结婚问题的有关规定》、1992年《关于妥善解决外国留学生在华非法居留问题的通知》、1992年《对非居民学生进出境行李物品管理规定》、1994年《外国来华留学生经费管理办法》、1994年《关于外国来华留学生中执行〈普通高等教育学历证书管理暂行规定〉及其细则的通知》、1995年《外国关于外国留学生凭〈汉语水平证书〉注册入学的规定》、2000 年《高等学校接受外国留学生的规定》、2001 年《关于中国政府奖学金的管理规定》、2007 年《高等学校要求外国留学生购买保险暂行规定》等。就这两方面的法规适用顺序而言，首先适用关于外国留学生的专门规定，在没有专门规定的情况下适用关于外国人的一般的规定。

第三层次是地方人大和政府机关颁布的相关法规。就北京市而言，包括 2000 年《北京市关于外国留学生工作的若干规定》、2007 年《北京市外国留学生奖学金管理暂行办法》、2008 年《北京市高校来华留学生突发事件预防及应急处置预案》等。地方性法规只是针对本地区的相关情况进行规定，其他问题依据国家的相关规定。

二、外国留学生法制化管理存在的问题

正如前述，随着中国改革开放的不断深入以及中国国际交往的不断扩大，来中国的留学生从国别、地区、数量、层次上都发生了很大的变化。有关外国留学生管理的法律法规，无论从内容上还是从数量上，远远不能适应中国留学生教育的迅猛发展。表现在：

（一）留学生管理的专门立法层次较低

外国留学生管理的专门法规多是一些行政法规和地方政府的法

规，没有全国人大制定的法律。立法层次过低，使得各地区的管理标准不一；再加上有关规定分散在不同的法规之中，容易出现前后不一，左右不一问题，造成管理的混乱。

（二）有些法律法规规定滞后

如留学生打工政策需要调整。一般来说，各国享受各类奖学金的留学生总是占少数，大多数留学生需要依靠个人一面学习一面打工筹措学习费用。因此，弹性学习制度和允许留学生打工的制度是影响留学生流动的两个重要条件。中国相关法律却对外国留学生打工进行了非常严格的限制，只允许留学生从事与其知识特长或所学专业相关的科研、文化等服务活动，不允许做其他方面的兼职，一定程度上限制了部分自费留学生的进入。留学生教育比较发达的国家，一般都允许留学生从事兼职工作，但同时又对打工时间做出严格的限制。比如根据英国政府的有关规定，留学生每星期可打工 20 个小时，如果超过规定时间，就要交 20% 的税。准许留学生打工，除了可以减轻生活费，最主要的是丰富了社会实践内容，提高各方面的能力，为今后的工作奠定良好基础。

（三）有些法律规定操作困难

如中国只是在 2000 年教育部、外交部、公安部联合颁布的《高等学校接受外国留学生管理规定》中提到外国留学生可以勤工助学，但是更具操作性的细则和管理办法却没有，这些可能都是来华留学生遇到的实际问题。再比如对留学年龄的规定过细，《北京市外国留学生工作的若干规定》对北京地区的高等院校接受各类外国留学生的年龄作了规定：本科生为 25 周岁以下；硕士研究生为 35 周岁以下；博士研究生为 40 周岁以下；语言进修生为 55 周岁以下；普通进修生为 35 周岁以下；高级进修生为 45 周岁以下；研究学者为 55 周岁以下；短期生为 60 周岁以下。事实上，有不少外国学生在不到 18 岁时已在其本国高中毕业，申请来北京地区高等学校读本科。而不满 18 岁申请作为进修生来北京地区高校长期或短期学习汉语或专业课程的外国留学生就更多了。各高校大多都并不以年龄为限制条件拒绝接收，只是在接收不满 18 岁的留学生来校学习时，按照公安部门的有关规定办理监护人委托公证手续即可。

(四) 有些法律规定过于严格，影响着留学生的接收

如对接收留学生的机构的门槛设置偏高。目前，我们基本上不允许除学校之外的任何组织或机构从事留学生教育。按照相关规定，只有经教育部批准的有学历授予权的高等学校才可以接收包括汉语语言留学生在内的外国留学生，不允许其他机构从事留学生教育，哪怕是短期的语言培训。再比如奖学金制度。目前，中国奖学金主要是政府提供，金额低，覆盖范围小，只有国家一级的政府留

学生奖学金，个别部属院校有校际交流基金，使我们在国际留学生市场上缺乏吸引力。

(五) 有些方面缺乏法律法规

如对留学生的校外居住方面有待进一步完善立法。改革开放之初，我们对留学生的管理，采取的是封闭式管理，留学生的吃、住等日常生活都在高校内部解决，不允许留学生在校外居住。随着留学生人数的快速增长，已经允许留学生租住居民房屋（有房屋租赁许可证和房屋安全证），只要到公安机构办理住宿登记，就可实行社会居住。但由于目前各地的房屋租赁中介的法律法规很不规范，服务的水平和质量无法满足实际需要，事实上，一些留学生租住都是没有两证或两证不全的非法出租房屋，不仅管理起来十分困难，而且存在着许多安全等方面的隐患。

(六) 对外国留学生非法居留处罚过轻

近几年来，外国留学生结业或因违反校纪被开除、退学后滞留不归的情况时有发生，有的非法居留长达二年之久。过去主要是非洲留学生，现在独联体国家、西方国家留学生非法滞留的也呈上升趋势。他们中有相当一部分是为了在华谋职，也有的进行走私贩运、倒卖外汇等非法活动，已成为社会安定的一个隐患。尽管公安部早在 1992 年颁发的《关于妥善解决外国留学生在华非法居留问题的通知》中指出，对违反校纪或由于其他原因被学校开除、退学的外国留学生，学校要提前通知当地公安机关，并负责落实他们出境机票等事宜，配合公安机关收缴他们的居留证，办理有关出境手续。对其中离境后短期内不宜再来华的，由国家教委提出意见，商公安部后及时通知中国有关驻外使、领馆和驻香港、澳门签证办事处以及口岸签证机关，一年内拒发其来华签证（即列入不准入境者名单）。但外国留学生散居社会后，公安机关掌握难度加大，许多管理工作措施不到位，导致漏管失控。而按照现行规定，对非法居留最多处罚 5000 元，非法入境最多 1 万元，最多拘留 10 天。惩罚措施的针对性和可操作性不强。

三、完善外国留学生法制化管理的几点建议

中国关于来华留学的各项政策，是随着中国留学生教育的发展而不断完善的，这些政策为推动中国留学生教育的发展发挥了很大的作用。政策的灵活性是一把双刃剑，对政策的理解，影响到政策的执行，执行不力影响到外国留学生教育的顺利发展。因此，通过法律对政策予以具体化、明确化，使政策得到正确执行是非常必要的。虽然中国也有一些法律法规，但由于国际国内形势的变化，有的法律法规已经严重滞后，不能适应新形势新任务的要求；有的在

实践中已经突破，但法律法规仍属空白；有的虽已制定了相关规定，但还需根据实践的发展进一步补充和完善。这里根据调查和研究，提出几点进一步完善外国留学生法制管理的初步建议。

（一）制定一部外国留学生教育服务法律的龙头法

中国现阶段社会法制化进程有目共睹，留学生管理工作也要从实际出发制订出各种切实可行的法律规章制度，以健全的制度为保障，建立外国留学生管理新体系，实现留管工作的法制化，避免管理的随意性，做到有法可依，有章可循，依法管理，照章办事。[①]目前，中国现有的一些相关法律法规缺乏总体规划与战略部署。纵观新中国建立以来来华留学教育法律和法规，可以发现这些法律法规都是就来华留学教育所面临的一些具体问题而制定的具体措施，对于当前和今后来华留学教育如何定位与发展，并没有像澳大利亚等国家那样制定总体规划及部署，导致了来华留学教育无方向性与无重点性发展，因而在来华生规模、层次、国别、专业及均衡性发展等方面近年来一直没有质的突破。虽然2000年教育部联合外交部、公安部发布了《高等学校接受外国留学生的规定》，但立法层次不高，规定比较原则，配套的相关规定没有跟进，执行不力。全国人大常委会应制定一部类似澳大利亚《海外留学生教育服务法》

① 王磊："浅谈高校留学生管理工作的管理模式和人员素质"，《山东教育学院学报》2003年第二期，第112页。

的龙头法，以明确中国留学生教育的定位和发展方向。龙头法可以定名为《中华人民共和国海外留学生教育法》，主要包括以下几个方面：（1）总则：明确中国留学生教育定位、总体发展方针和方向。（2）管理机构：以教育部为统筹主导，公安部、外交部、人力资源和社会保障部共同协作的管理体系。（3）教学管理：入学招生、课程教育、奖学金、校籍管理、学校校内住宿、学校社团等各方面。（4）社会管理：校外居住、宗教、打工就业、保险、婚姻、侵权等各方面。（5）出入境、居留：签证、出入境、入籍等方面。

（二）跟进各种配套法规制定，使各项措施具体化，更具操作性

正如上述分析，目前中国有关留学生的法律法规不集中，比较分散。不同的部门就自己所管辖的范围制定自己适用的法规，各法之间难免会出现相互矛盾的地方。在一部龙头法的指导之下，各部门应联合起来，加强沟通，制定系统的相互一致的法律法规，条文应具体，具有更强的可操作性。

另外，中国相关部门在制定相关法律法规时，在结合实际情况的前提下应尽量和国际通行做法接轨，具体来讲：

1. 把留学生居留国籍和引进外国专业人才方面进行挂钩。随着中国经济的不断发展强大，中国的就业市场和生活环境对很多外国人的吸引力将会越来越大。而中国国籍也将具有越来越大的吸引

力，尤其是对那些来自发展中国家的专业人才。如果我们能够对外国留学生的专业技能事先进行比较规范的梳理，并有针对性地对其施加影响，就可以使其毕业后能够留下来为中国建设服务。同时，这样做也可以更加密切我们同其所属国的外交和经贸关系。

2. 扩大外国留学生奖学金的范围。2001 年中华人民共和国教育部国际合作与交流司出台了《关于中国政府奖学金的管理规定》，中国政府奖学金按学生类别分为本科生奖学金、硕士研究生奖学金、博士研究生奖学金、汉语进修生奖学金、普通进修生奖学金和高级进修生奖学金。另外，按项目分为长城奖学金、优秀留学生奖学金、HSK 优胜者奖学金、外国汉语教师短期研修项目和中华文化研究项目等。减轻留学生的经济负担提供奖学金是目前世界各国通行的做法，这种做法对吸引留学生来华学习同样能起到积极作用。但跟其他发达国家相比，中国奖学金种类偏少，而且奖学金标准比较低，在国际上缺乏吸引力。由于中国是发展中国家，通过提供大量的政府奖学金不太可能，可以借鉴日本的做法使整个社会都来关心、支持和参与留学生教育，比如省财政拿一部分设省或“基地”奖学金；外资企业出一部分“外企奖学金”，学校为出资外企推荐留学生，留学生在读或毕业后为企业服务一段时间；对本科生学习优秀者可减免一部分学费或提供一部分奖学金；在各高校对研究生阶段的留学生若能从事一部分助教工作（尤其是外语教学）也可减免部分学费或提供一部分补贴，可从留学生收入中拿出一部分设学校奖学金。

3. 放宽外国留学生婚姻政策。《婚姻法》和《婚姻登记条例》没有限制大学生结婚的条款，新《普通高校学生管理规定》准许在校大学生结婚。但对在华外国留学生在校期间结婚的问题却持否定态度。对于外国留学生在校期间一般不得结婚的规定已显得极为不合理，严重地干涉了留学生的婚姻自主权，这与现代社会鼓励文化交流，鼓励民族融通的潮流显然是不相适应的，是中国吸引外国留学生政策中不应有之规定。所以，中国相关政策法规中亟须对此问题进行澄清和修改，以更加宽容和更加人性化的政策来吸引更多留学生。

4. 为外国留学生在京的社会文化活动提供实施细则。外国留学生在京的社会文化活动是留学生生活的一个重要组成部分，它可以活跃留学生的生活，使留学生迅速渡过“文化休克期”，适应留学生生活；也可以营造良好国际化大学环境，使中国的大学教育真正面向世界。与此同时，我们也应注意到留学生群体的特殊性，在组织留学生的社会文化活动中应正确引导，全面规制，使其发挥应有的作用，避免误入歧途。首先应在修订社团条例时增加外国人社团的专门规定，在条件成熟时制定《外国人结社法》。教育部应细化外国留学生管理规定中有关社团的规定，使其具有可操作性。各接收留学生的院校也应在本校社团管理的规定中专门制定涉及留学生的条款。

（三）加强各管理中的沟通与协调，完善服务性立法

目前中国一些法律法规透明度不高，为来华留学生服务的功能性欠强。制定来华留学教育法律法规的目的不仅是为了加强对留学生的管理，还要能够给留学生提供必要的服务。而中国的来华留学教育法律法规往往是生硬的条文居多，要求留学生怎么去做的条文居多，体现服务性的则较少。比如，如何更好地为留学生校外住宿、勤工助学、设置专业、组织社团活动等提供服务，均没有在法律法规里体现。因此，正因为政府、社会和学校管理分工不明确，向留学生提供的服务不到位，中国对外国留学生，尤其是发达国家的留学生缺乏很强的吸引力①。

中国应借鉴新加坡的立法规定，从签证、住宿、奖学金、勤工助学、就业等方面提供全方面的服务，而不只是一味地生硬管理，为外国留学生提供良好的留学环境，进一步促进中国留学生教育的发展。为此，应加强学校、公安、街道、社区等社会管理部门的沟通与协调，通过立法明确各部门职责，建立有效的信息沟通渠道，努力形成以公安机关为核心的各部门分工协作、运转良好的工作机制，避免出现留学生管理的盲点和空白点。

综上所述，在国际交往不断向纵深发展的新形势下，如何通过

---

① 崔庆玲："来华留学教育现存问题及原因分析"，《高等教育研究》2008年第1期，第9页。

留学生教育的发展，搞好教育服务，开拓教育市场，加强与世界各国教育、科技、文化交流和经济贸易合作，扩大中国的国际影响，是不可忽视的一个方面。建立并切实执行一套适合教育自身规律和来华留学生特点的法制管理体系及模式，不仅对提升中国的国际地位非常重要，而且也是保证教育质量可持续发展，实现“十一五”教育目标的重要保障。① 因此，我们应充分认识法律规制对留学生教育发展的必要性和紧迫性，尽快完善现有的留学生教育法律，制定新的法律以弥补某些方面法律规制的空白，保障留学生教育事业的顺利发展。

① 张美云，刘开南：“关于加强来华留学生教学与管理的几点思考”，《中国高教研究》2007 年第 5 期，第 28 页。

第十章　论北京市涉外突发事件管理

夏莉萍*

根据《中华人民共和国突发事件应对法》，突发事件是指“突然发生，造成或者可能造成严重社会危害，需要采取应急处置措施予以应对的自然灾害、事故灾难、公共卫生事件和社会安全事件”。涉外突发事件即指含有涉外因素的突发事件，按事件对象可分为两类：(1) 涉及外国机构、人员在境内的突发事件；(2) 涉及本国人员在境外发生的突发事件。本文仅讨论其中第一类。

北京市的涉外突发事件具有一定特殊性，能否得到迅速、妥善处理不仅关系首都的安全稳定，而且影响中国同其他国家的外交关系及北京市甚至国家的对外形象。因此，有必要对北京市的涉外突发事件管理进行研究，探讨如何建立更完善的涉外突

---

* 夏莉萍，外交学院科研处处长，外交学与外事管理系教授。本文原载于《北京行政学院学报》2011 年秋季号第 2 期，第 79—83 页。

发事件管理模式。

一、北京市涉外突发事件管理的特殊性

（一）北京市发生涉外突发事件的可能性更大

随着对外开放的不断深入和北京市建设世界城市进程的加快，在京的外国人越来越多，相对于其他城市而言，北京市发生涉外突发事件的可能性更大。截至 2008 年年底，在京外国常驻机构共计 13000 余家，其中外国驻华使馆 165 家，国际组织驻华代表机构 23 家，外国新闻机构 337 家，外国企业代表机构 4300 多家，外商投资企业 8400 多家。2008 年，在京的外国留学生在校人数达到 31712 人。[①] 此外，北京每年要接待境外访问团近百批，举办重大国际会议几十个。北京又是著名的旅游城市，境外游客数量也呈不断上升趋势（见下图）。[②] 2010 年 1 月至 11 月，北京市接待的入境游客人数达到了 457 万人次。截至 2010 年年底，北京市常住外国人口 11 万。涉外人口已成为北京市人口的重要组成部分。[③]

---

① 北京统计信息网，http：//www. bjstats. gov. cn/tjnj/2009-tjnj/content/mV283_ 1706. htm。登录时间：2010-12-10。

② 数据来源：北京统计信息网，http：//www. bjstats. gov. cn/tjnj/2009- tjnj/。登录时间：2009-12-31。

③ 本文中未标明出处的数字均来源于笔者对北京市外办官员的采访。

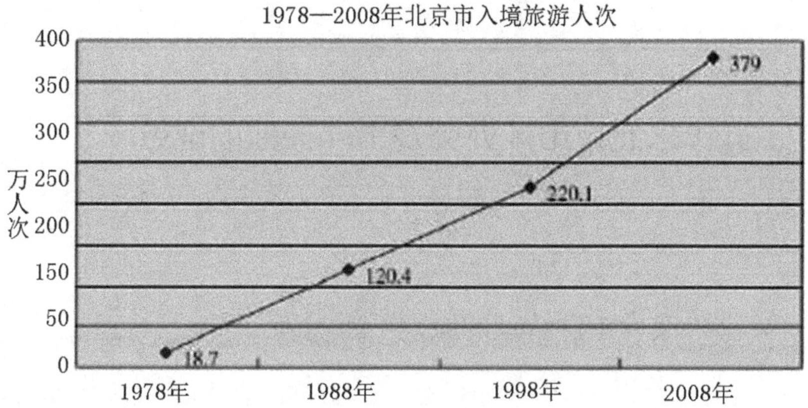

（二）北京市涉外突发事件管理的难度更大

由于中国所处的特殊发展阶段和北京在中国的特殊地位，北京市涉外突发事件的性质更为敏感，极易产生“连锁效应”和“放大效应”，预防和处置的难度更大。如作为首都和很多国家驻华使馆的所在地，北京更容易发生涉及享有外交特权和豁免的外国人的突发事件，更容易成为国外各种敌对势力开展反华活动的场所；北京市经常接待外国政要和重要政府代表团的访问，并举办一些大型国际活动，在此期间发生的一些普通涉外突发事件都可能造成严重后果。经济的快速发展和国际影响力的上升使中国成为世界瞩目的中心，西方媒体对一些在北京发生的涉外突发事件分外关注，往往进行大肆炒作，将事件的负面效应成倍地放大，对中国同其他国家的关系以及中国的国际形象产生不利影响。①

二、近年来北京市涉外突发事件管理的成效

（一）涉外突发事件管理的原则不断明确

在涉外突发事件的管理中，北京市政府坚持“以人为本，生命至上”的理念，始终把人的生命安全作为处理突发事件各个环节的出发点和落脚点，最大限度地维护在京外国人的生命财产安全及其合法权益。《北京市房山区涉外突发事件应急预案》规定，“以人为本，力保安全”是处理涉外突发事件必须坚持的第一原则。同时，为保证涉外突发事件处置的效率，北京市政府坚持“依法处置、统一领导、分类管理、分级负责、属地管理、条块结合、预防为主”的涉外突发事件管理原则，保证涉外突发事件处置的成效。

① 比如，外国媒体曾对一起外国外交官在京因病死亡案件做出了各种猜测，甚至放言两国间的外交关系会因此受到影响。2007 年 7 月 28 日晚，一名韩国高级外交官在食用使馆附近某商家的一份三明治后出现腹泻，第二天早晨由妻子开车送往北京国贸嘉里中心专门为外国人服务的一家诊所就诊，在诊所输液 20 分钟后突然停止呼吸，经抢救无效死亡。这位外交官的猝死不仅引发韩国舆论对他死因的种种猜测，更引起外界对中国食品安全和医疗技术的质疑。而后来的权威鉴定完全排除了食源性疾病的可能。这位外交官是因为过劳、心血管疾病突发而去世的。

（二）涉外突发事件管理预案体系基本形成

为提高政府保障公共安全和处置突发事件的能力，最大限度地预防和减少突发事件及其损害，近年来，国家加强了应急预案的制定工作，形成了应急预案框架体系。为保障涉外突发事件的处理有序进行，国务院制定了《国家涉外突发事件应急预案》，外交部制定了《外交部突发事件应急预案》。

在国家应急预案框架体系下，北京市建立了“横向到边，纵向到底”的应急预案体系，其中，《北京市涉外突发事件应急预案》于2007年5月正式颁布实施。此后，北京市政府又结合重大活动和形势特点，制定了其他一些涉外突发事件应急预案，如《北京市外办（港澳办）北京市奥运会、残奥会期间涉外突发事件应急预案》《北京市外办（港澳办）亚欧峰会期间涉外突发事件应急预案》《北京市参与第29届奥运会（残奥会）北京赛区奥运安保涉外恐怖事件处置工作法案》和《北京市处置爆炸恐怖袭击事件预案外事组工作方案》等。

这些预案的制定表明北京市的涉外突发事件管理工作进入了法制化、规范化的轨道。

（三）涉外突发事件管理的体制日趋健全

北京市涉外突发事件的管理体制由领导机构、综合协调机构和区、县涉外突发事件应急领导机构组成。

北京市涉外突发事件管理的领导机构为市涉外突发事件应急领导小组。应急领导小组不是常设机构，一般在重大涉外突发事件发生后成立，由分管副市长担任组长，市外办主任担任副组长，成员非常广泛，几乎包括北京市所有政府部门，必要时还将包括有关区（县）政府和其他相关单位。其职责是统一组织、协调、指挥涉外突发事件的应急处置行动。

北京市涉外突发事件管理的综合协调机构为市涉外突发事件应急领导小组办公室，挂靠在市外办涉外处，负责综合协调和日常工作。其主要职责是及时向市领导小组报告涉外突发事件实时信息和整体动态，提供决策参考和依据，并根据市领导小组授权，协调、监督有关区（县）政府、市级有关单位实施应急处置行动。

涉外突发事件应急处置坚持属地管理为主的原则。因此，涉外突发事件事发地的区（县）政府应根据应急处置工作的实际需要，成立相应的涉外突发事件应急领导机构，并在各级外事主管部门设立综合协调机构，负责涉外突发事件应急处置的综合协调和日常工作。

（四）涉外突发事件管理的程序不断完善

《北京市突发公共事件总体应急预案》中规定，突发公共事件中伤亡、失踪、被困人员中如包括港澳台人员或外国人，或者事件可能影响到境外，需要向香港、澳门、台湾地区有关机构或有关国家、国际组织进行通报时，市应急委员会办公室应与市政府台办、市政府外办、市外宣办等部门密切配合，报请国务院港澳办、国务院台办或外交部批准，启动相关处置预案。一般来说，发生特别重大、重大、较大涉外突发事件时，经市政府批准，由市涉外突发事件应急领导小组启动涉外突发事件应急预案，根据情况可设立情报信息组、行动处置组、新闻宣传组、国际合作组、政策法规组、善后处置组等，各工作组由市领导小组成员单位组成，承担相应的职责。

据初步了解，北京市外办关于涉外突发事件的处置程序大致包括五个环节：赶赴现场了解情况；判断级别，上报信息；维护秩序，抢救伤员；信息发布，引导舆论；善后处理，对外交涉。

总体来看，北京市的涉外突发事件管理工作在近些年取得了初步的成效。

三、北京市涉外突发事件管理存在的主要问题

如前所述，北京市的涉外突发事件管理在法律规范、管理原则、组织体系、应急程序等方面都取得了很大进展，为维护首都稳定和国家形象，配合国家的整体外交发挥了重要作用。但就整体而言，北京市的涉外突发事件管理工作处于起步阶段，存在不少薄弱

环节。

(一) 危机意识不强

由于我国长期处于和平稳定时期，各级政府部门将主要精力集中于经济建设，对突发事件管理工作的重视程度不够，部分领导和政府部门对这项工作的重要性和紧迫性缺乏充分认识，总认为辖区内发生重大突发事件的概率很小，抱有侥幸心理，许多职能部门也多是强调部门利益，缺乏整体配合，不能从全局着眼，不愿意在此方面投入足够的精力、人力和物力。普通民众危机意识不强，总以为此类突发事件离自己很远，没有防范意识，而当突发事件来临时，过度乐观的民众又容易惊慌失措，缺乏自救、救护的意识和能力，造成非理性行为，增加了事件处理的难度。危机意识的不足，给北京市包括涉外突发事件在内的突发事件管理造成了极大的障碍。

(二) “政出多门” 现象时有发生

与其他突发事件相比，涉外突发事件敏感度高，更容易造成国际影响，需要慎之又慎。但在实际处置过程中，由于参与部门众多，部门之间在涉外突发事件管理中的分工协调关系不够明确，存在着部门分割、职责交叉等现象，加之缺乏有效的具有约束力的整合和协调机制，容易出现多头管理、互相掣肘的情况。北京市制定了各级各类预案6万多个，市级预案68个，这固然是好事，但从另一个角度看，这么多的预案，难免有不一致甚至相冲突的地方，而且在涉外突发事件出现时，各级政府、各个部门都启动应急预案，危急时刻又没有太多的时间讨论协商，在突发事件处置过程中可能导致协调困难，各自为政的局面。

（三）信息支持体系不健全

预防是突发事件管理的一个重要环节；而掌握足够的信息，对信息进行归类整理，做出精确研判，对于做好预防工作十分关键。近年来，尽管北京市政府及其工作部门比较重视信息体系建设，但就整体涉外突发事件管理信息体系而言，还存在一些严重问题，无“数”可查或“数”出多门的现象比较突出，难以为政府管理提供坚实的决策信息支持。首先，重要的涉外信息尚未完全摸清。近年来，北京市有关部门按照“情况明、数字准”的要求，开展了大量基础工作，基本掌握了在京外籍人员的情况，但距离彻底做到“情况明、数字准”还有一定差距，特别是对在北京散居的外籍人员的情况还尚未摸清，不利于我们日常管理和服务及涉外应急工作的开展。其次，涉外信息共享平台尚未建立。北京市范围内的涉外信息资源共享工作仍较为薄弱，特别是工商、税务、海关、旅游、金融以及各区县等涉外因素突出、基础信息较多的部门之间条块分割比较严重，彼此之间无法实现信息、共享，造成信息资源的浪费，也使得各部门在应对危机时不能有效沟通，影响了相关工作的科学决策和统筹协调。第三，缺乏综合性的信息分析。缺乏信息共享平台的直接后果就是缺乏基于全面准确信息基础上的综合性分析，导致涉外突发事件的综合风险评估和预测预警方面有所欠缺。

（四）应急保障工作力度不够

财政资源和人力资源是政府应急管理的重要基础，是突发事件得以妥善处理的重要保障。就财政资源而言，由于此类事件的相关费用难以列入政府部门财政预算，导致在处置过程中出现资金缺乏的问题。例如，外籍人员的医疗救治等费用难以得到有效保障，导致医疗救治部门与政府部门发生扯皮，在一定程度上影响了处置效果。就人力资源而言，北京市缺乏精通外语、通晓国际法和国内法律、知悉国外习俗的涉外危机管理专业人才及通信手段先进、装备精良和专业化的救援队伍。

（五）信息发布不及时

在突发事件中，政府及时、有针对性地发布信息，有助于稳定公众的信心，促进事件得到妥善处置。但是，由于我国现行的媒体政策受到种种制约，在遇到涉外突发事件时，政府相关部门通常不能采取及时、有效的信息传播策略，仍采取传统的“外松内紧”的宣传策略，采取“捂、盖”的应对方式，拱手让出舆论主导权，这种做法在信息网络化时代是非常不明智的，其直接后果是造成谣言满天飞，或境外媒体根据捕风捉影的信息大肆炒作，既增加了事件处置的难度，又给北京乃至中国的国际形象造成负面影响。

四、建立全面整合的涉外突发事件管理模式

为了有效预防和应对涉外突发事件，北京市应建立全面整合的涉外突发事件管理模式。所谓全面整合的突发事件管理模式，是指在政治高层的直接领导下，通过法律、制度、政策的作用，在各种资源系统的支持下，通过整体的组织和社会协作，全程管理，提升政府对突发事件的管理能力，以有效预防和应对各种突发事件，从而保障公共利益以及人民的生命和财产安全，实现社会的正常运转和可持续发展。[①] 统一领导，多元参与，全程防控是全面整合的涉外突发事件管理体系的核心。

（一）建立全政府的涉外突发事件管理体制

涉外突发事件管理活动本身是一个系统工程，除了外办归口管

① 张成福：“公共危机管理：全面整合的模式与中国的战略选择”，《中国行政管理》2003年第7期，第8页。

理外，一个涉外突发事件通常牵涉很多部门，例如，严重的交通事故，就可能会涉及交管、卫生、消防等部门，其他涉外突发事件也是如此。① 因此，建立全政府的涉外突发事件管理体系就是把突发事件管理的职能整合到各级政府和各个政府部门的日常工作职责中。涉外突发事件涉及政府管理的各个领域，对突发事件的管理应成为政府公共管理的一个重要职责。因此，在涉外突发事件不断增加的情况下，可行的办法是重新界定现有政府组织职能，增加各部门在突发事件预防和处置方面的职能，打造全政府的涉外突发事件管理体系。

涉外突发事件管理实践中，由于参与管理的人员和力量来自各个方面，建立一个富有权威的、统一的指挥中心进行综合的、全方位的领导，是涉外突发事件管理的关键所在。中心应该负责对涉外突发事件进行全方位的指挥协调，无论是正常状态下的预防监控、信息沟通，还是突发事件发生后的应对，都应在中心负责人的直接领导下进行。这样会极大地提升统一调配各种应急资源的协调与整合能力以及快速反应能力，提高涉外突发事件管理的效率。

（二）建立全社会的涉外突发事件管理体制

突发事件管理是一项庞大、复杂的系统工程，仅仅依靠政府的

① 《北京市突发事件总体应急预案》将北京地区主要突发事件分为自然灾害、事故灾难、公共卫生事件和社会安全事件四大类，把涉外突发事件与恐怖袭击、刑事案件、经济安全事件和群体性事件一起列为社会安全事件，这种划分方法就值得商榷，因为其他三类事件的发生也会影响在京外国机构和人员的生命和财产安全。

力量是远远不够的。突发事件的种类繁多，对突发事件的预防、控制和处理牵涉方方面面，会影响到社会各阶层的利益。涉外突发事件也是如此，所以应该广泛动员全社会各种力量参与涉外突发事件管理的应对机制，形成一个由多元主体参与的应对网络，以便在政府为主导的基础上调动和整合整个社会力量和资源。在涉外突发事件管理中，非营利组织、营利组织、社区组织、公民、国际社会都是政府可供选择的合作伙伴。在突发事件管理方面，必须“坚持社会广泛参与的原则，调动全社会各方面的积极性，把社会、民众的参与同政府管理有效结合起来，形成政府、企事业单位和志愿者队伍相结合的突发公共事件应对体制，实现突发公共事件应对的社会化”。[①]

（三）建立全过程的涉外突发事件管理机制

美国危机管理专家罗伯特·希斯（Robert Heath）认为，危机管理包括危机事前、事中和事后所有方面的管理。传统的危机管理着重强调对危机反应的管理，而不重视危机的前因后果。有效的危机管理应包括：转移或缩减危机的来源、范围和影响；提高危机初始管理的地位；改进对危机冲击的反应管理；完善修复管理，以迅速有效地减轻危机造成的损害。因此，他提出了危机管理的4R模型，

---

① 北京市人民政府关于实施北京市突发公共事件总体应急预案的决定［EB/OL］．北京市政府门户网站，http：//govfile. beijing. gov. cn/Govfile/front/content/12010012_ 0. html。登录时间：2010-11-30。

即危机管理过程分为缩减（Reduction）、预备（Readiness）、反应（Response）和恢复（Recover）四个阶段（见下表），力求在一个更广的时空范围内将危机造成的损失减至最低甚至将危机消弭在萌芽状态。① 同样，一个完整的涉外突发事件管理过程应包括预防、应对和事后处理三个不可或缺的阶段。

危机管理的 4R 模型②

危机管理的阶段	主要工作
缩减（Reduction）	进行风险评估，确认风险来源
预备（Readiness）	建立监视和预警系统，对有关人员进行培训和演习，提升应对危机的能力
反应（Response）	分析突发事件的影响，进行应急管理
恢复（Recovery）	在突发事件后，将人力、财力、物力及工作流程恢复到正常状态

目前北京市涉外突发事件管理基本还处于传统的政府危机应对阶段，主要工作重点还是在突发事件发生后的处置，对突发事件的预防和监控环节重视不够。建立预防和处置并重的全过程涉外突发事件管理机制，就是要在做好突发事件应对的基础上，强化预防和善后处理工作。其中，突发事件的预防更应该得到重视，这是因为突发事件虽然具有突发性和偶然性，但从事后的反思中可知，突发事件是由一系列细小事件逐渐发展而来的。从第一个征兆出现到突

① ［美］罗伯特·希斯：《危机管理》（王成等译）。北京：中信出版社 2004 年第 12 期，第 22 页。

② 董传仪：《危机管理学》，北京：中国传媒大学出版社 2007 年版，第 29 页。

然爆发造成损失，这段时期可称为突发事件开端，该期间的任务是防止突发事件发生，使突发事件可能产生的不利影响有所缩减，或力争把损失降到最低。危机预防具有投入小、见效快、可控性强、危害弱等特点，很多危机管理专家都强调，最好的危机管理不是危机爆发之后的应对，而是危机预防。这就要求我们在管理涉外突发事件时不能只关注事件本身的应对，要把大量的资源投入到信息收集、事实调查、风险评估、预案建设、人员培训、组织演习等前期工作中，只有这样才能做到防患于未然，预防与应急并重、常态管理与非常态管理并重。

五、结束语

目前中国所处的特殊发展阶段，北京市在中国的特殊地位及世界对中国和北京的特别关注都使得北京市的涉外突发事件管理更具有挑战性。经过多年实践，北京市在涉外突发事件管理方面建立了较为完善的组织体系和工作程序。同时，日益加快的世界城市建设进程对北京市涉外突发事件管理提出了更高的要求。从长远来看，北京市涉外突发事件管理的最终目标是对在京境外人士实行趋同化管理，适用统一的法律法规，使涉外突发事件管理成为政府公共管理的一项基本内容。但考虑到北京市涉外工作的重要性、复杂性和艰巨性，目前还有必要强化涉外突发事件的管理，构建一个统一领导、多元参与、全程防控的全面整合的涉外突发事件管理模式，积极预防、正确应对涉外突发事件，为北京市乃至中国的发展创造一个良好的环境。

第十一章　从文化角度看北京市的国际化社区建设

——以麦子店、望京社区的发展为例

牛仲君*

改革开放三十年多来，随着外国驻京机构、公司团体的大量涌入，北京市的境外人口大量增加，国际化程度不断提高。特别是进入 21 世纪以后，随着北京市对外籍人口购房、租房实施内外有别政策的改变，长期在北京居住、工作和学习的外籍人口迅速增加，在一些外籍人口大量聚居的地区开始逐渐形成了国际化社区的雏形，在政府的推动与房地产开发商的炒作下，国际化社区这一概念开始逐渐进入我们的视野。本文认为，衡量国际化社区建设的最主要标志不是外国人数量的多寡，而是独特的国际性社区文化建设，即实

* 牛仲君，外交学院外交学与外事管理系副教授。本文原载于《凤凰周刊·城市》2012 年第 12 期，第 40—43 页。

现本土文化与外来文化之间的和谐发展。为此，本文主要以麦子店和望京两个社区的发展为例，力图从社区文化的角度来讨论北京市国际化社区的建设问题。

一、北京市国际化社区建设的现状评述

“国际化社区”是指来自世界各地不同国籍的人们聚居或工作（包括交往、休闲）在一定地域范围内所组成的社会生活共同体。这是一个较新的概念，对其核心理念还没有一个统一明确的认定，现在人们往往从房地产建设与社区管理两个角度对其加以阐述。前者认为“国际化社区”的基本特征表现为：建筑设计的国际性、功能集聚性、时空的开放性、配套设施超前性、公共和服务系统管理的先进性及人性化、多元化的宽容性等主要特点。具体来说，就是当城市经济高速发展，大量境内外资金和移民涌入后，他们必然要寻求适合自己居住的住宅和区域，国际化住宅区要符合这些相对集聚的要求；国际化住宅区的建筑形态应能体现东西方居住文化的交融，以适应东西方居民传统的居住观念；国际化住宅区在其综合功能上是应体现时代发展的特征，如居室的功能、交通出行等生活设施的配套、区域的内外环境、物业管理的服务水准等，都应与时俱进，适合不同文化背景的居住生活方式。[①] 从社区管理的角度上来

① 强敏怡：《为何倾情国际化社区》，《国际金融报》2004 年 5 月 28 日，第五版。

说，“国际化社区”是指有其他国家和地区的人参与形成的，参照国际标准和惯例进行社区建设、提供社区服务、形成多元社区文化的新型功能社区。

由此可以看出，不管是从房地产开发的角度上来看，还是从社区管理的角度上分析，国际化社区的两个最主要的标准应当是国际化的居民和国际化的社区文化，其中国际化的居民时基础，而国际社区文化是其核心。为什么说国际化的居民是“国际化社区”的基础呢？这主要是因为，当外籍居民数量较少时，很难形成足够的社区需求，社区并不需要为他们调整既有的社会服务政策与服务渠道，对其管理也只需要由当地社区居委会逐户走访、交流，向其提供社区概况、本地信息与生活须知，外籍家庭的生活服务主要由其所服务企业支持。而当外籍居民达到一定的比例之后（国际标准一般是30%，北京标准目前大多为20%），因其消费方式、生活习惯、宗教文化的不同，会对社区内服务业态产生较大影响，并形成与其消费方式、风俗习惯相对应的产业链，外籍居民对于社区参与有较大热情，并可能争取相应的社会权利。这就要求在社区管理与服务中，应大力推进本地居民与外籍居民的有组织交流，如建立制度，使外籍居民参与社区居委会选举、决策、管理、监督，或按所在国别建立社团，规范社区秩序，而当地街道、社区居委会、派出所都应有针对性地调整该社区的工作策略，在社会管理机关与外籍居民群体间建立规范的沟通、交流、决策与参与渠道，形成“相互尊重，协商管理，相对独立，共同参与”的社区自我管理模式。

但是，外籍居民的多寡只是“国际化社区”建立的一个基础，而衡量一个社区是否是成熟的国际化社区的核心标准则是要看其是否具有国际性、多元性的社区文化。社区文化一般是指以生活在社区中的居民为主体，以丰富和活跃群众文化生活、满足群众日益增长的精神文化需求为目的，包括各种群众性的文娱、体育、教育、科普以及精神文明建设活动等在内的一种群众性文化形式。具体到“国际化社区”来说，由于外国人聚居区独特的文化多元性、流动性强、管理难度大等特点，决定了“国际化社区”的建设必须以社区文化的建设为突破口，通过中外居民在共同的文化活动中得到共鸣，增强归属感、认同感，形成精神上和谐的社区认同，从而建立本地文化与外来文化相互交融、和谐发展的独特国际性社区文化，只有这样才能形成一个真正成熟的“国际化社区”。而在这一社区文化建设中应当遵循以下一些原则：（1）注重社会公平的原则。国际化社区的基础是本地社区的成熟发展，在社区资源的分配上，对于外国籍居民应提倡国民待遇，在同等条件下，本地居民与外国籍居民平等享有社区资源。（2）关注个性需求的原则。居民国籍的多样化会带来社区需求的多样化，国际化社区不但应提供一般社区公共服务，也应尽可能照顾到外籍居民的特殊需要，提供便利。（3）推动社区融合的原则。国际化社区会带来语言、风俗、宗教、道德等诸多方面的差异，在社区生活与公共事务的处理中，应求同存异、扩大参与，引导各方居民在社区事务中发挥作用。

北京市国际化社区经历了由涉外公寓到综合化、国际化功能社区的转变，而2002年则可以称为是这一转变的关键年。其实从20世纪90年代中期开始，“国际化社区”的概念就已在丽都商圈、建国门商务区等涉外区域悄然出现，但只局限于外籍人士居住率高的几个小型社区。当时，北京市的商品房有内销房和外销房之分。前者由国内资本开发，必须以北京市的企业、组织或个人为销售对象；而后者一般由外商投资，购买者为境外的企业、组织、个人和中国其他省市的企业或组织。这些涉外社区统一被称之为“公寓”。之后一段时间里，公寓的内涵发生了几次变化，从单纯的买家立场，逐渐转化为精装高端公寓的代名词。1998年，商住公寓、酒店式公寓、产权式酒店公寓等名词开始出现。“涉外”一词的含义被越来越多的概念充盈着、改写着。进入21世纪以后，随着外籍人口数量的迅速增加，“国际化社区”建设的步伐进一步加快，特别是从2002年9月1日起，北京市改革了存在八年多的商品房内外有别的政策，商品房的预售许可证和《商品房买卖合同》将不再有内、外销的区别。这一政策极大的推动了北京国际化社区的发展，外国人聚居区的面积逐渐扩大，开始从几个小型社区向大面积，连成片的大型社区发展。

随着我国城市化的发展，北京国际大都市的聚集效应和就业潜力每年吸引着越来越的国外人才、投资者和普通劳动者的涌入。但由于人口流动性强的原因，北京目前常住的外国人数量很难有明确的统计，且不同机构的统计数据差异性比较大，一般来说，北京目前有100多家外国驻华使馆、近万家外国代表处、10万左右的常驻外国人和30余万的流动外国商客。北京的外国人大都喜欢“扎堆”居住，因此分国别集中聚居就成了北京市外国人聚居区的一大特点。据国内专业房地产顾问公司戴德梁行统计出一组数字显示，71%的外国人住在朝阳区，17%在东城区，崇文区6%排名第三，接下来是顺义区和西城区，各3%。绝大部分外国人选择朝阳区，但不同国家地区选择区域略有不同。欧洲人愿意在使馆区和燕莎商圈居住，美国人则选择了CBD和顺义区，日本人倾向住在朝阳、东城等地，韩国人则集中居住在望京地区。[①] 目前北京已经形成了望京的韩国城，以长富宫、发展大厦为中心的两个日本村，以及以燕莎友谊商城、凯宾斯基饭店为中心的德国中心。

如果以外国人占全体居民的20%以上作为北京国际化社区的标准，那目前真正能满足的社区其实只有10余个，比如朝阳区建外街道秀水社区、呼家楼街道呼北里社区、麦子店街道枣营北里社区、朝阳公园社区、海淀区中关村街道新科祥园社区、马连洼街道圆明园花园别墅社区、石景山区八宝山街道玉泉路西社区、顺义区后沙峪镇天房第二社区等。但这种划分标准其实是不科学的，一是因为这种统计主要是建立在外国人购房人数的基础之上的，而北京的大部分外国人为流动外国商客，他们主要以租房为主，因此在统计中他们往往没有被算入其中。例如外国人聚居较为密集的望京和五道口地区，由于外籍人口的大部分为学生和外籍白领与商客，90%选

① 《新政策鼓励外国人买房 外企人才买房有优惠》，《北京青年报》2003年3月6日。

择了租房居住。因此导致外国人占全体居民的比例不是很高，但实际情况则远远高于统计数据。另外，这种判断标准无法反映社区文化的建设，而北京外国人分国别集中居住的现状则赋予了北京国际化社区更多的文化内涵，因此北京国际化社区的判断应该更多的以国际社区文化作为标准。

在“国际化社区”建设方面，北京其实才刚刚起步，目前外国人社区的职能其实只集中于以下三个方面：一是涉外相关法律法规的宣传工作，即利用小区宣传橱窗或广告栏以及社区楼长会、居民代表会的作用，加强“外国人入境出境管理办法和细则”以及相关法律法规的宣传；二是外国人的居住登记工作，如通过建立外事警区办公室，建立由社区保安、电梯工、保洁员等人员构成的协警队伍，便于外籍人员登记、办理相关事宜；三是外国人的便民利民服务工作，由居委会为外国人提供方便居住与生活的《便民服务卡》。将社区内办事部门的联系方式、服务内容和时间印制在服务卡上，以便随时提供各种服务，如修理管道、水电维修、打扫卫生等。因此可以说，北京市“国际化社区”建设才刚刚迈出了第一步，今后的发展空间还很大，远远没有达到形成独特国际性社区文化的成熟阶段。而越来越多的人已经清醒地认识到：中国的国际化开放之路，将在很大程度上取决于中国的社区如何迈出国际化这从量变到质变的重要一步。

二、麦子店社区：北京首个国际化社区的发展

作为北京首个“国际化社区”的试点，麦子店街道辖区东起东四环，西至东三环，南临农展馆（朝阳公园）南路，北接机场高速公路，辖区面积 6.8 平方公里，包括霞光里、枣营北里、枣营南里、农展南里、朝阳公园五个社区；辖区内常住人口 35103 人，流动人口 10900 人，外籍人员 7848 人，社会单位 2106 家。辖区靠近使馆区和北京 CBD，“国际化”程度很高，丰富的涉外资源在有力地推动地区经济发展的同时更对地区社会构成和社会发展产生了重要影响。近年来，这里建立起城市综合管理指挥中心，构建新型网络化管理；设置公共服务大厅提供“一站式”服务，方便社区居民办事；建设街道中英文双语网站，全面介绍国际化社区概况、公开政务，展示人文风采；建设麦子店街道国际青年交流中心，加强辖区内中外青年的交流；推出“交通安全模拟教室”，在交通安全教育中融入先进的科技手段……各项工作中蕴涵国际先进管理理念、努力营造和谐氛围，街道呈现出一派祥和美好的景象。①

从基础设施和社区环境上来说，麦子店社区的最大特色是国际化资源丰富、涉外氛围浓郁。常住外籍人士占社区常住人口总数的

① 《麦子店街道：国际化社区更显和谐北京魅力》，千龙网，2006-1-6，http：//www.fx120.net/scribble/bjyw/200601041753573493.htm。

20%以上，微软、爱普生、汉燕航空等跨国公司中国总部，长城、昆仑、凯宾斯基、希尔顿等涉外饭店，以及13个国家的使馆均坐落于此。这就决定了麦子店社区的外籍居民以高素质的外交官、外资公司管理者为主，具有高收入、高学历、高品位等特点。在2004年，朝阳区提出决定依托众多国际化资源，建立区域国际化的发展战略后，麦子店率先在全国提出建设国际化社区的理念，即参照国际标准和国际惯例，完善社区组织体系、推进社区自治组织建设、扩大社区民主管理、加强社区中外文化交流与融合，建立一个国外机构与本地机构共同安居乐业、外籍居民与本地居民和睦共处、本土文化和国外文化相互交融的新型国际化功能社区。[①] 为此，街道专门成立了国际化社区建设办公室和国际化社区建设顾问团，制定了《麦子店地区国际化社区发展规划》，成立了地区社会单位联席会。

国际化的社区文化建设是麦子店社区能够成为北京“国际化社区”先行者的最主要原因。麦子店社区把基层文化建设作为增进本地居民和外籍居民的了解和交流，提升社区的凝聚力和认同感，形成和谐的社区氛围的突破口。正像麦子店街道办事处主任李中水指出的那样：“群众文化活动是促使不同群体的社区居民在共同的文化活动中得到共鸣，增强归属感、认同感，形成精神上和谐的重要载体。”针对麦子店社区涉外机构多，外籍人员多的特点，在文化建

---

① 陈泽欣：《麦子店街道：构建国际化和谐社区》，《参考消息．国际地产周刊》2005年4月28日。

设中，他们以民俗文化为承载，促进多元文化在社区交融，达到中外居民互动、沟通。[①] 为此麦子店社区已开展了一系列活动，例如“栽种绿色希望共建国际化社区”“中外宝宝健康大比拼”“感受中国传统文化”“中外居民圣诞联欢”等，拉进了中外籍居民的距离。特别是每年春节的“中外居民过大年”活动，来自英国、法国、加拿大、澳大利亚等国家的外籍人士走进了中国百姓家中，感受中国老百姓的节日氛围，极大的推动了中外文化的交流与社区文化的建设。

在消除社区内外国人与中国人的交流障碍问题上，为了广泛宣传人文奥运理念，推进国际化社区创建工作，麦子店街道提出了“创建 2008 英语无障碍街道”的工作目标，陆续完成了辖区内各类广告、站牌、标志等视觉识别系统的双语改造（个别区域为多语），为最终达到视觉识别无障碍的国际标准而努力。枣营南里社区还成立了英语学习小组，数十位居民自发学习英语。近 10 名外籍人士得知此消息后，义务担任教师，每周六下午教授居民学习英语，主动融入社区活动之中。同时还通过建设街道中英文双语网站，全面介绍国际化社区概况、公开政务，展示人文风采，建设麦子店街道国际青年交流中心，加强辖区内中外青年的交流，为中外居民的无障碍交流创造条件。

大力推广“楼门文化”是麦子店社区文化建设的又一个特点。

① 陈泽欣：《麦子店街道：构建国际化和谐社区》，《参考消息 · 国际地产周刊》，2005 年 04 月 28 日。

为了提高社区居民的自治能力，麦子店社区提出了设计“楼宇委员会”的想法。楼宇委员会主要承担和履行业主委员会和社区居委会部分职能，包括召集本楼居民开展公益活动和文化活动，组织召开涉及本楼重大事项居民听证会等。在碧湖居等一批外籍人士集中居住的高档公寓，由物业负责人、社区居干、楼门组长、志愿者等组成的高档公寓楼委会已开始发挥管理作用。建立和完善楼委会不仅扩大了社区工作的覆盖面，提高了社区工作的整体合力，增强了社区自我服务的活力，缓解了社区人手紧张的状况，凸显出了直接服务社区居民的效果。

在社区服务方面，麦子店社区较早的提出了安全社区的理念。建有全市首个社区交通安全培训中心，培训中心设有道路模拟沙盘，可针对道路交通事故当事人责任认定标准所包含的14类事故情形、125种交通过错行为进行模拟演示，同时分别针对老年人、学生、外来人口、外籍人士等不同人群分别开发设计了相应的教学软件。特别是这对外国人多的特点，派出所、居委会和物业部门还协调组织了30名外国人加入社区管理志愿者队伍，参与社区管理，让老外们为社区文化建设、安全防范等献计献策，增强他们的安全防范意识。此外，楼门内设立宣传栏推行楼门文化、楼门安装楼宇对讲系统实施楼宇安全工程等措施也使社区自治功能得到了延伸。

三、望京社区：北京的“韩国城”

中韩建交以来，双边经贸关系发展十分迅速，韩国逐渐成为中国重要的贸易伙伴之一。据统计，2006 年全年，韩国出口中国的贸易额达 897.8 亿美元，同比增长 16.9%。韩国目前是中国第六大贸易伙伴、第六大出口市场和第三大进口来源地。目前共有 4.4 万家韩国企业在华直接投资，直接投资超过 350 亿美元，韩国人每天来华人数达到 1.1 万人，在华长期居留人口达到 70 万人。统计显示，2006 年，约 370 万韩国人到中国旅游。中国是韩国最大的旅游目的地，每三名韩国游客中就有一名选择到中国观光。[①]而这种双边交流快速发展的一个缩影就是北京望京社区的快速发展，随着大量韩国人的涌入，这里成了名副其实的北京“韩国城”。

朝阳区望京社区，由花家地、南湖渠、望京三大居住区组成，共有近二十个居民小区。其占地 860 公顷，总建筑面积一千万平方米，规划居住人口 25 万至 30 万，是迄今中国乃至整个亚洲在建的规模最大的社区。在北京的新编城市总体规划中，望京功能被规划为构筑以城市中心与副中心相结合、市区与多个新城相联系的新的城市形态。从地理位置上看，望京具有得天独厚的优势，其东南与 CBD 相接，西南与金融街相望，北临奥运村，西接中关村，毗邻三

① 《韩流涌动中国 走近在北京生活的韩国人》，《北京青年报》2007 年 8 月 24 日。

元桥国门商务圈、丽都商圈、亚运商圈及燕莎商圈。在北京城没有一个边缘区域具备像望京这样的条件，四条主干交通道路京承高速公路，四环，五环，以及机场高速公路从四面围合起一个庞大的社区。从望京出发，几十路公交可直达二、三、四环及亚运村、中关村、国贸等热点地区，远可至香山、丰台等地。

望京的开发最初规划于20世纪80年代、正式开始建设于1994年、预期最多容纳30万人口的超大型社区，曾经是北京告别零星开发、进入统一规划、集中建设时期的代表，而与同样具有典型意义的方庄、亚运村一样，由于单纯强调住宅建设的居住功能，忽视了区域交通的改善以及商业氛围的培养，在20世纪90年代，望京一度被人称为“睡城”。多条断头路，缺少进城的出入口，商业配套欠缺，购物、娱乐、消费，几乎每一项日常需求都不得不驱车到三环甚至二环才能解决。

转机发生在2001年，当时北京市开始着手规划修建望京科技园区，望京的区域商务价值开始得到发掘。而在2003年市领导多次对望京进行考察之后的一两年里，区域内部及周边的交通状况更是得到了根本性的改观。与此同时，望京的商业休闲体系也在不断完善，宜家家居、华堂超市/百货、嘉茂购物中心、家乐福的陆续开业填补了地区内长期以来的商业空白，蓄势待发的方恒国际中心及六佰本更进一步充实了原有商业格局。望京的商业发展速度相当惊人：据戴德梁行调查，截至2005年望京商业物业供应量只有30万平方米左右，而到2007年年底，望京新增商业物业面积将不低于

70 万平方米，望京的商业总面积已经超过了西单商圈。[①]

无法复制的区域商务优势与日渐完善的社区生活氛围形成了非常良好的互动，近年来，包括爱立信、北电网络、安捷伦、摩托罗拉、奔驰汽车等多家世界 500 强企业总部纷纷落户望京，更为这里插上了一双高新产业腾飞的翅膀。未来，随着望京北扩计划的启动、多家高星级酒店、国际甲级写字楼的落成，望京将会吸引更多顶级企业的入驻，也会随着日益凸显的经济、生活优势，成为北京名副其实的“副都心”。

而同望京地区快速发展同时进行的还有韩国人的大量涌入。据在望京开韩餐馆“萨拉伯尔”的总经理白锦植回忆说：“1999 年这里还是不允许外国人居住的地区，所以居住本身就是违法。中国公安随时都可能来检查身份证。”2002 年北京政府取消了对外国人的居住限制，同时望京建起了很多高级公寓，由此居住在这里的韩国人迅速增加。与此同时，催动大量韩国人选择望京的一个核心原因是 2002 年底“LG 电子中国研发中心”落户望京科技园。该中心是 LG 电子有史以来设于韩国以外地区的最大科研中心，从而极大的加快了韩国人入住的步伐。据不完全统计显示，目前该地区总人口大约 50 万，韩国人占到近三分之一，已经占在京韩国人总数的九成左右。最大的韩国人居住区——望京西园三区和四区，居住的韩国人总数有 18000 多人，大约能够占到该区内总人口数的 80%。[②] 望京

① 《今日望京　发展走向国际化》，和讯网，2007 年 4 月 4 日。

② 《在京韩国人已达 15 万 望京小区成韩国城》，《重庆晨报》2008 年 5 月 30 日。

韩国人还可以细分为几个小区域，望京新城大都是自己做生意的商人，大西洋新城多为LG驻员，宝星园、CLASS公寓、华鼎世家的韩国人为自营业（食堂、商店、贸易公司）+大企业驻员+留学生，而工资和经营收益是其主要收入来源。[①]

吸引韩国人居住在望京的第一个原因是这里丰富的韩国文化因素，望京的韩国人多以家庭方式入住，他们不但在这里生活，也在这里学习、工作。在离望京不远的花家地小区，由韩国使馆开设的韩国国际学校为在此工作和居住的韩国人提供了更多的方便。在望京，韩国人大概罕有“身在异乡为异客”的惆怅。韩式料理店、服装店、跆拳道馆、棋馆、销售韩国商品的韩国城、家庭性质的韩国宗教组织、定期号召聚会的韩国人机构、为韩国人提供房屋租赁服务的中介公司、提供家庭式旅馆的商业组织、五种左右定期出版的全韩文刊物……韩国文化渗透进这里的楼宇、街巷，空气中飘出的都是浓浓的泡菜香。在韩国，望京的知名度越来越高，甚至很多没有来过北京的韩国人都知道，望京是北京韩国人聚集最多的“村”。[②]

另外，经济因素也是吸引韩国人居住一大原因。望京是北京第一个以中产阶级为目标消费人群的高档社区，其价位虽超出普通北京市民的承受力，对于在华韩国人而言却极其便宜。以2006年的标

---

① 《韩国群体聚集北京望京 休闲娱乐缺乏成区域软肋》，《中国房地产报》2006年5月9日。

② 《望京的十年之前和十年之后》，搜房二手房网，http：//esf. soufun. com，2008年1月15日。

准来看，同等面积的二室住宅，亚运村外国人公寓的月租金为 2000 美元，而在望京只需要 2000 元人民币。在韩国，雇一个保姆的费用，折合成人民币至少要每月 8000 元，而在北京，请一个朝鲜族保姆只需要 800 元。从首尔打车去机场，需要大约人民币 1000 元，在日本东京，这笔费用大概为 2000 元，而在北京，则低于 100 元。①

望京街道办事处于 2000 年 6 月 28 日正式成立，是朝阳区最年轻的街道之一，辖区总面积 10.36 平方公里，由花家地、南湖渠、望京三大居住区组成。设有花 家地、南湖两个派出所。现有社会单位 4000 余家，17 个社区居委会、8 个社区居委会筹备组和 1 个待拆迁平房区。几年来，望京街道工委、办事处紧紧围绕区委、区政府中心工作，明确了“人文望京、绿色望京、数字望京、现代望京和国际望京”的发展理念，坚持实施“聚合力工程”，以维护好、实践好、发展好群众利益为工作落脚点，以统筹解决民生，落实科学发展观为指导，以安全社区创建为抓手，倡导广大群众争做“德高、行范、文丰、体健”的望京人，在推进宜居、和谐望京建设方面取得一定成绩，受到领导和居民的广泛认可。②

同麦子店社区一样，望京社区也把国际社区文化的建设作为发展“国际化社区”的重点，开展了广泛深入精神文明创建活动。每年春节期间，望京社区都举办大量的文化活动，如传统文化大展

---

① 关军，叶璐：《10 万韩国人在北京城里的融合与冲突》，《南都周刊》2006 年 5 月 20 日。

② 《望京街道简介》，信息来源：朝阳望京街道，http：//wjjd. bjchy. gov. cn，2008-05-15。

示、外国人望京人家过大年、迎新春文艺慰问演出、新年秧歌大会、地区书画协会年会等活动，更换了所有社区内的精神文明宣传栏和科普宣传栏的展板，营造祥和、欢乐的社区文化氛围，既增加了中韩居民的交流，也促进了社区文化的建设。

2003年9月，望京街道工委、办事处根据地区的发展和广大居民群众日益增长的文化需求，与望京实业总公司、中央美术学院、北京国际技术合作中心共同主办了“第一届望京文化艺术体育周”，获得了巨大的成功，之后这一活动成为每年9月举行的定期文化活动。在“文化周”期间，组委会运用文艺、体育、科普、教育等活动手段，吸引了地区广大中外居民参与社区文化活动，共同推进地区文化建设。固定的项目有：国际邻居节、社区论坛、专家课堂、艺术广场、文化舞台、科普日、健康活动日等，丰富多彩的社区文化、艺术、体育活动，促进了社区之间的相互沟通，社团组织之间的相互合作，居民家庭之间的相互了解，成为推进辖区稳定和谐的“调节钮”，为构建和谐望京创造良好的社会环境和人文氛围。据统计，仅2005年，望京社区就举办了大型文艺演出21场，参加居民达25000人次；全地区共开展各种群众性文体活动68次，参加居民达27200人次；通过开展多姿多彩的文化活动，极大地丰富和满足了社区居民精神文化生活，提升了地区居民的文明素质和望京地区的国际影响力，加快了地区“人文奥运”的建设步伐，推动地区文明建设迈上了一个新的台阶。[1] 2007 年 04 月英国当红的克里米亚摇滚乐队被望京街道聘为社区文化大使。这是北京第一支走进社区的外国摇滚乐队，他们将扎根望京，并出版第一张中文专辑。

结合韩国人的特点，望京社区还专门针对韩国居民开展了很多独特的文化活动，如根据望京西园四区的居住人群特点，居委会与韩国协会人员有效利用社区的人文资源，对于居民的整体素质进行再塑造，把居民中有意提高自身形象，追求美、热爱生命、对生活充满美好憧憬的人们组织起来，于 2004 年 5 月 1 日至 6 月 26 日，由韩国物资学院院长授课，对女性在不同时间、季节、场合应怎样化妆，怎样穿 着打扮进行系统的指导，并对参加此次活动的女性朋友们每人赠送一套化妆品，期间还了解了韩国的相关文化内容。每年望京国际邻居节举行时，在望京文化体育广场将有数百位望京社区的中韩居民相聚在一起，互相交流才艺。

在社区管理方面，望京社区也进行了一系列方便外籍人口的尝试。如望京社区南湖派出所的民警在工作中发现，很多境外人员不来登记，是因为派出所办理住宿登记手续烦琐，外国人反感排长队。为此，南湖派出所还专门设立了一个对外窗口，主要接待韩国人，派出所还特意招进一些朝鲜族协管员。自 2005 年 4 月 29 日起，南湖派出所研发使用了《外籍人员信息管理服务系统》，该系统设置了信息自动录入、信息快速查询等服务功能。现在填写一张表

---

① 《创建文明街道 构建和谐望京》，北京朝阳文明网，http://www.bjcywm.gov.cn/jbhg/newCywm/pagetwo/ArticleContent.asp? code=100627.149，2006-1-19。

格，拿着本人护照、租赁合同复印件，护照上面的识别码就可以扫描姓名、年龄、护照号码、现住地等14各信息项目，然后直接上传，一分钟就完事了。[①] 另外，根据望京城管执法过程中经常需要与韩国人交流的实际情况，街道决定让城管队员学韩语。起初有很多志愿者给城管队员上课，现在的韩语老师是望京地区一家韩语培训学校的校长，上课是免费的。上课时间是每个周四上午，24名城管队员中除去值班的有十五六个人能参加，主要是学习“音标”和简单的礼仪性对话，城管队员迫切希望学习执行公务语言和服务语言以及一些常见的公共标识的韩语表达。[②]

四、小结：推进国际社区文化建设，促进“国际化社区”发展

通过以上的分析可以看到，随着改革开放的进行和北京国际化大都市的发展，外籍人口数量大量增加，北京市的逐渐形成了一些外国人占相当比例的聚居区。进入21世纪以后，随着我国社区建设的发展，“国际化社区”这一概念逐渐进入我们的视野。但是由于起步较晚，“国际化社区”的发展才处于起步阶段，存在相当大的困难和障碍。例如由于文化差异和语言障碍，居委会与外国人存在

---

① 《北京望京三分之一为韩国人 社区引入涉韩管理》，《竞报》2005年10月8日。

② 李亚敏：《为方便执法 望京城管学韩语》，京报网，2008-04-18，www.bjd.com.cn。

沟通障碍；外国人作息时间不确定，社区居委会存在联络困难的情况；外国人流动性较大导致的管理困难以及社区居委会没有对外国人管理的行政权等。目前的外国人社区建设还大多停留政策宣传，提供基本服务等低层次阶段。

但是通过朝阳区麦子店社区与望京社区的国际社区文化建设我们可以看到，社区文化活动的展开很好的促进了社区内中外居民的交流与合作，为外国人了解社区，熟悉中国文化，增加社区归属感创造了条件，成为“国际化社区”建设的重要途径和衡量标准。今后应当进一步推广这种以社区文化建设为突破口来发展“国际化社区”的模式，让北京成为中外居民和谐生活，中外文化交融发展的新型国际性大都会。

第十二章 北京市涉外突发事件的调查分析和政策建议

杨 晖*

北京作为中国的首都，是全国政治、文化、科研教育及对外交往中心，是中国对外的窗口，也是内地其他行政区的制度典范。目前北京已发展成为一个特大型城市，并在国际化大都市的建设步伐中稳步前进。根据北京市的发展目标，到2020年，北京将基本建成现代化国际大都市；到21世纪中叶，北京将成为融政治、文化及国际交往于一体的现代化国际大都市。北京国际化大都市的建设，不可避免地带来人口、交通、生态环境、社会治安、公共卫生等一系列问题，在一个日益开放和各种风险因素剧增的现代社会，作为一个国际化大都会，涉外突发事件的处理关系到北京市的对外交往与

* 杨晖，外交学院外交学系副教授，法学博士，主要研究中国政治。本文原载于《北京行政学院学报》2011年第1期，第72—77页。

国际形象，也考验着北京城市处理涉外突发事件的能力。因为这些领域中产生的问题若不能得到及时解决，就有可能引发一系列公共社会危机，甚至可能牵涉境外组织或人员而导致国际性重大问题的出现。2011 年的菲律宾人质事件就充分说明这一点。所以，一个大城市应对和解决涉外突发事件的能力，已成为外交和外事管理的重要组成部分。基于此，外交学院外交和外事管理系成立了课题组，对涉外突发事件进行了专项研究，对常住北京的市民和外籍人士两类人群进行三个月的抽样调查，以了解北京市涉外突发事件的基本情况，为北京市涉外突发事件提供分析依据。

为了解当前北京市民及在京境外人士对涉外突发事件的认识状况，本课题组从涉外突发事件认知界定、涉外突发事件的应对、突发事件处理的评价及如何提高应对能力四个方面进行了调查。

一、问卷调查说明

本文的研究方法主要采用问卷调查法。并采用 SPSS 统计软件对调查结果进行分析。调查问题涉及以下四个方面：一是被调查者对北京市涉外突发事件的认知和界定；二是被调查者在涉外突发事件中可能存在的困难与主要需求；三是被调查者对目前北京市涉外突发事件管理现状的评价；四是被调查者的希望与政策建议。

调查对象分为两类，一类是居住在北京的中国人，另一类是居住在北京并在京工作的外籍人士，这两类受访对象都必须在京居住一年以上。为了保证问卷调查的实操性，本文作者在严格尊重问卷调查基本要求和方法的基础上，针对不同的受访对象采用了不同的调查方式。首先，针对居住在北京的中国人使用了两种方式。一种是以高校北京籍学生家庭为调查对象，采用随机抽样方法发放问卷展开调查；另一种是调查者在街头随机访问过往行人，采取偶遇抽样法进行拦截面对面访问，即在定点地区拦截，以等距为原则抽取经过指定访问点最靠近调研员的一位在京中国人作为访问对象进行调查；其次，针对在京外籍人士的调查主要采用随机抽样的方法。受访对象主要分为两类：第一类是在高校生活学习两年以上的留学生；第二类是在北京工作的常驻境外人士。针对这两类外籍受访者，本文作者均采取偶遇抽样法进行拦截面对面访问，即在定点地区（如大型写字楼、高档小区、高校等）拦截，以等距为原则，抽取经过指定访问点最靠近调研员的一位在京外籍人士作为访问对象进行调查。相比之下，受访的中国人对调查比较配合，有效样本较多，在一定程度上能反映在京生活的中国人对涉外突发事件及其管理现状的认识和评价；总体来看，本次问卷调查共发放 900 份问卷给中国人，回收有效问卷 879 份，问卷回收率达到 97.7%；另外，共发放 300 份问卷给外籍人士，回收有效问卷 291 份，问卷回收率也达到 97%。表 1、表 2 和表 3 分别对受访者的年龄、性别和职业进行了统计分析。从统计分析结果来看，尽管受调查者总体偏年轻，但是职业分布情况还比较平均，性别比例也达到平衡，只是外籍人士中女性受访者人数偏少一些。尽管样本量不大，但从调查结果来看，也反映出一些普遍性的问题。

表 1　样本年龄类别与比较

国　籍	年　龄										合计	
	29 岁以下		30-39		40-49		50-59		60 岁以上			
	人数	%	人数	%	人数	%	人数	%	人数	%	人数	%
中　国	420	48.4	210	24.2	156	18.0	63	7.3	18	2.1	867	100
外　国	102	50.7	63	31.3	27	13.4	6	3.0	3	1.5	201	100

表 2　样本性别统计与比较

国　籍	性　别				合　计	
	女		男			
	人数	%	人数	%	人数	%
中　国	462	52.9	411	47.1	873	100
外　国	78	40.0	117	60.0	195	100

表 3　样本职业类别统计与比较

国　籍	职　业										合计	
	公务员		学生		企业人员		事业单位		其他			
	人数	%	人数	%	人数	%	人数	%	人数	%	人数	%
中　国	156	18.1	177	20.5	171	19.8	204	23.6	156	18.1	864	100
外　国	48	25.4	81	42.9	24	12.7	12	6.3	24	12.7	186	100

（一）对涉外突发事件相关信息的基本认知

1. 涉外突发事件的性质分析

调查问卷列举了 8 项北京市可能发生的突发危机事件，请受访者选择，可以多选。共有 873 位中国人和 285 位外籍人士回答此问题，根据选择人数的多少将突发事件进行降序排列，得到表 4。从表中可以看出，中国受访者与外国受访者对北京市突发危机事件爆发可能性的判断不完全一致。中国受访者将“传染病”“严重环境污染”和“群体性事件”三项列为最容易发生的突发事件。其中，超过七成的中国人都将“传染病”列入可能发生的突发危机事件。

然而，超过半数的外籍受访者选择了“重大交通事故”“传染病”和“严重环境污染”三项作为最有可能发生的危机事件，只有不到两成的外籍人士认为“群体性事件”可能是北京市需要面对的涉外危机事件。

表 4　北京市发生可能性大的涉外突发危机事件

重要性排　序	国籍 选项及选择		中国	国籍 选项及选择		外国
1	传染病	人数	639	重大交通事故	人数	159
		%	73.2		%	55.8

续表

重要性排序	国籍 选项及选择		中国	国籍 选项及选择		外国
2	严重环境污染	人数	411	传染病	人数	147
		%	47.1		%	51.6
3	群体性事件（游行、抗议活动等）	人数	372	严重环境污染	人数	147
		%	42.6		%	51.6
4	恐怖事件	人数	369	自然灾害（地震、雷击等）	人数	78
		%	42.3		%	27.4
5	重大交通事故	人数	315	大规模食品中毒	人数	75
		%	36.1		%	26.3
6	火灾	人数	303	群体性事件（游行、抗议活动等）	人数	54
		%	34.7		%	18.9
7	大规模食品中毒	人数	267	恐怖事件	人数	42
		%	30.6		%	14.7
8	自然灾害（地震、雷击等）	人数	246	火灾	人数	30
		%	28.2		%	10.5
9	其他	人数	12	其他	人数	0
		%	1.4		%	0

2. 涉外突发事件的防范意识分析

为了解居住在北京市的中国人和外籍人士的涉外突发事件的防范意识，问卷设计了相关问题。统计结果表明，将近六成的中国人和近五成的外籍人士认为北京市民的防范意识“一般”。

表 5　对市民涉外突发事件防范意识的评价

国　籍	职　业										合计	
	很强		较强		一般		较差		很差			
	人数	%	人数	%	人数	%	人数	%	人数	%	人数	%
中　国	6	0.7	123	14.1	516	59.1	192	22.0	36	4.1	873	100
外　国	9	3.3	54	19.8	126	46.2	63	23.1	21	7.7	273	100

3. 涉外突发事件的认知度分析

就这一问题主要是通过“对周边求助场所是否了解?”，“是否了解有关涉外突发事件管理的法律法规?”以及涉外突发事件的了解渠道。有 873 位中国受访者和 285 位外籍受访者回答了第一个问题。其中，有 52.6%的中国受访者和 46.3%的外籍受访者回答“不太清楚”，另外，外籍受访者中有 24.2%的人回答对周边求助场所“一无所知”，这个比例高于中国受访者选择比例（10.3%）十多个百分点（见表 6）。关于涉外突发事件管理的法律法规地了解，超过六成的中国受访者（60.1%）表示“不太清楚”相关的法律法规，而近半数的外籍受访者（45.7%）则表示对中国有关危机管理的法律法规“一无所知”。(见表 7）就突发事件的了解渠道，问卷是开放式的，中国人和外籍人士获得危机信息的主要途径基本一致，(见表 8)。如果将选项按照选择人数多少做降序排列，依次是：媒体、朋友、政府公告、单位通知、社区宣传，在选择其他的人群中，有 7 位北京市民认为网络也是获得相关危机信息的主要途径。

表 6　对周边求助场所的了解情况

国籍	程度								合计	
	很熟悉		了解一些		不太清楚		一无所知			
	人数	%	人数	%	人数	%	人数	%	人数	%
中　国	24	2.7	300	34.4	459	52.6	90	10.3	873	100
外　国	18	6.3	66	23.2	132	46.3	69	24.2	285	100

表 7　了解有关危机管理法律法规的情况

国籍	程度								合计	
	很熟悉		了解一些		不太清楚		一无所知			
	人数	%	人数	%	人数	%	人数	%	人数	%
中　国	9	1.0	174	19.9	525	60.1	165	18.9	873	100
外　国	3	1.1	57	20.2	93	33.0	129	45.7	282	100

表 8　获得信息的主要途径

重要性排序	国籍 选项及选择		中国	国籍 选项及选择		外国
1	媒体	人数	825	媒体	人数	192
		%	94.5		%	67.4
2	朋友转述	人数	438	朋友转述	人数	132
		%	50.2		%	46.3
3	政府公告	人数	351	政府公告	人数	72
		%	40.2		%	25.3
4	单位通知	人数	270	单位通知	人数	45
		%	30.9		%	15.8
5	社区宣传	人数	90	社区宣传	人数	45
		%	10.3		%	15.8

续表

重要性排　序	国籍 选项及选择		中国	国籍 选项及选择		外国
6	其他	人数	45	其他	人数	15
		%	5.2		%	5.3

由此可见，媒体是北京市内中外人士获取涉外突发事件信息的重要渠道，在涉外突发事件的管理中，信息的传递发挥着重要的作用。而作为非正式途径的朋友转述也是中外人士获取危机信息的重要途径。“政府公告”这种信息传播形式对北京市内中外人士获取涉外突发事件信息的影响均不大，当然这也存在着我国媒体是党和政府的“喉舌”，但受访对象均没有意识到这一点。另外，还有近三成的中国人习惯于传统以“单位”为主的信息传递渠道，而社区尚未成为人们获取重要社会信息的地方。

（二）遭遇涉外突发事件的困难与需求分析

为了解在京中外人士面对突发危机事件时存在的主要困难和需求，也是为完善北京处理涉外突发事件的管理机制，本次问卷设计了如下两个问题：一是“您认为外国人遇到突发事件时存在的主要困难有哪些？”二是“您认为应当获得何种能力或知识以应对突发事件？”共有855位中国人和282位外籍人士回答了第一个问题。统计分析结果显示，“语言不通”“地情不熟”和“找不到主管部门”三项是外籍人士面临危机事件时的主要困难，见表9。由此可见，涉外突发事件的管理中，沟通和有效的公共服务需要有针对性，要面对在京外国人的主要困难，有针对性地建立解决方案。

表 9　突发危机事件中外国人的主要困难

重要性排序	国籍 选项及选择		中国	国籍 选项及选择		外国
1	语言不通	人数	723	语言不通	人数	219
		%	84.6		%	77.7
2	地情不熟	人数	573	地情不熟	人数	153
		%	67.0		%	54.3
3	找不到主管部门	人数	390	找不到主管部门	人数	36
		%	45.6		%	38.3
4	文化差异	人数	363	对外联络困难	人数	108
		%	42.5		%	38.3
5	对外联络困难	人数	297	文化差异	人数	99
		%	34.7		%	35.1
6	饮食困难	人数	54	饮食困难	人数	51
		%	6.3		%	18.1
7	其他	人数	6	其他	人数	6
		%	0.7		%	2.1

针对第二个问题，即“您认为应当提供何种能力或知识以应对涉外突发事件?”，共有 858 位中国人和 279 位外籍人士回答了此问题。“基本医护帮助和知识”“突发事件应对经验”“心理调节能力”为列前三，是中外人士最希望获得知识或帮助。由此可见，无论是居住在北京的中国人还是外籍人士，均认为缺乏必要的突发事件应对知识和能力，这就为涉外突发事件管理提出了目的性的要求。

表 10　应对突发事件的主要需求

重要性排　序	国籍 选项及选择		中国	国籍 选项及选择		外国
1	基本医护帮助和知识	人数	753	基本医护帮助和知识	人数	159
		%	87.8		%	57.0
2	事件应对经验	人数	660	事件应对经验	人数	132
		%	76.9		%	47.3
3	心理调节能力	人数	597	心理调节能力	人数	108
		%	69.6		%	38.7
4	野外生存能力	人数	297	野外生存能力	人数	72
		%	34.6		%	25.8
5	其他	人数	15	其他	人数	2
		%	1.7		%	0.72

面对涉外突发事件带来的共同困难和需求，为了解他们对管理主体的期望程度，本问卷设计了以下问题，即“您认为加强涉外事件的管理应主要依靠哪些力量?”。共有 867 位中国人和 282 位外籍人士回答了此问题。统计分析结果显示，九成以上的中国人选择了“政府”，而外籍受访者中也有超过六成的人士选择了“政府”，由此可见，中外受访者均认为政府是突发管理中需要依靠的主要力量，见表 11。另外，“媒体”也成为人们面对突发事件时愿意依赖的机构。

表 11　涉外突发事件管理中需要依靠的力量

重要性排序	国籍 选项及选择		中国	国籍 选项及选择		外国
1	政府	人数	789	政府	人数	180
		%	91.0		%	63.8
2	媒体	人数	618	单位	人数	132
		%	71.3		%	46.8
3	社区	人数	555	媒体	人数	123
		%	64.0		%	43.6
4	单位	人数	507	社区	人数	120
		%	58.5		%	42.6
5	志愿者	人数	432	志愿者	人数	99
		%	49.8		%	35.1
6	非政府组织	人数	354	非政府组织	人数	90
		%	40.8		%	31.9
7	其他	人数	15	其他	人数	0
		%	1.7		%	0

(三) 涉外突发事件管理现状评价

为了解在北京市内居住的中国人和外籍人士对政府危机管理以及涉外危机管理现状的基本看法，调查问卷设计了以下三个问题：一是“您对市政府涉外突发事件的信息披露情况是否满意？”二是“您对市政府过去处理涉外突发事件的做法是否满意？”三是“您认为市政府在处理涉外突发事件时存在的主要问题有哪些？”

有 864 位中国人和 270 位外籍人士回答了第一个问题，见下表

12。其中，42.7%的中国受访者和54.4%的外籍受访者认为市政府在危机信息披露方面做得“一般”。回答“较满意”的中国受访者比例（26.0%）略高于选择“不太满意”的受访者比例（21.2%），而外籍人士在这两项上的选择人数持平。

表12　对市政府涉外突发事件信息披露情况的满意度

国籍	程度										合计	
	很满意		较满意		一般		不太满意		很不满意			
	人数	%	人数	%	人数	%	人数	%	人数	%	人数	%
中国	30	3.5	225	26.0	369	42.7	183	21.2	57	6.6	864	100
外国	9	3.3	48	17.8	147	54.4	48	17.8	18	6.7	270	100

有864位中国人和267位外籍人士回答了第二个问题，见表13。统计结果表明，大多数中外籍受访者对市政府过去的做法评价“一般”，而选择“较满意”的中国受访者比例略高于选择“不太满意”的受访者比例，外籍人士在这两项中的选择比例持平。此题的统计结果与上一题基本吻合，这说明居住在北京的中外籍人士对市政府过去处理突发事件的做法持保留态度。

表13　对市政府过去处理涉外突发事件做法是否满意

国籍	程度										合计	
	很满意		较满意		一般		不太满意		很不满意			
	人数	%	人数	%	人数	%	人数	%	人数	%	人数	%
中国	21	2.4	267	30.9	384	44.4	159	18.4	33	3.8	864	100
外国	12	4.5	33	12.4	174	65.2	33	12.4	15	5.6	267	100

为进一步了解居住在北京的中外籍人士对政府处理涉外突发事

件的具体意见，调查问卷设计了第三道问题，即“您认为市政府在处理突发事件时存在的主要问题有哪些?”。有 861 位中国人和 258 位外籍人士回答了此问题。经过对调查结果的统计分析可知，超过半数的中外受访者均认为“信息不透明”是政府在处理突发事件时存在的重要问题，其中中国人选择该项的占受访者的 84.7%。另外，有半数以上的中国人（52.6%）选择“社会参与度不够”是政府处理突发事件时存在的问题；同时也有 31.4%的外籍人士选择了此选项。另外，中外受访者还认为政府危机管理的执行力、宣传力、统一管理等方面同样存在问题。

表 14　处理突发事件时存在的主要问题

重要性排　序	国籍 选项及选择		中国	国籍 选项及选择		外国
1	信息不透明	人数	729	信息不透明	人数	144
		%	84.7		%	55.8
2	社会参与度不够	人数	453	执行力度不够	人数	84
		%	52.6		%	32.6
3	宣传力度不够	人数	306	社会参与度不够	人数	81
		%	35.5		%	31.4
4	处理不及时	人数	297	缺乏统一管理	人数	75
		%	34.5		%	29.1
5	缺乏统一管理	人数	273	处理不及时	人数	69
		%	31.7		%	26.7
6	执行力度不够	人数	258	宣传力度不够	人数	54
		%	30.0		%	20.9

续表

重要性排序	国籍 选项及选择		中国	国籍 选项及选择		外国
7	缺少法律法规依据	人数	243	缺少法律法规依据	人数	42
		%	28.2		%	16.3
8	其他	人数	24	其他	人数	2
		%	2.8		%	0.78

(四) 涉外公共危机管理的政策建议

问卷还设计了一类问题，以了解在京中外籍人士对加强涉外突发事件管理的意见和建议。统计分析结果表明，超过九成的中国受访者和超过六成的外籍受访者认为应该充分发挥媒体的作用，通过媒体宣传来加强在京居民的应对意识。还有五成左右的中外籍受访者认为通过社区活动，也可以提高市民的危机应对意识，见表 15。另外，87.8%中国籍受访者和 72.5%的外籍受访者认可定期进行涉外突发事件模拟演练的必要性，通过这样的演练既可以加强市民的应对意识，又能够提高市民尤其是外籍人士应对突发事件的能力，见表 16。

表 15　应如何加强市民应对涉外突发事件的意识

重要性排序	国籍 选项及选择		中国	国籍 选项及选择		外国
1	通过媒体宣传	人数	795	通过媒体宣传	人数	171
		%	92.7		%	62.0
2	通过单位教育	人数	483	通过社区活动	人数	132
		%	56.3		%	47.8
3	通过社区活动	人数	441	通过单位教育	人数	108
		%	51.4		%	39.1
4	自学	人数	138	自学	人数	68
		%	16.1		%	24.6
5	其他	人数	22	其他	人数	9
		%	2.6		%	3.3

表 16　是否有必要定期进行应对演习

国籍	程度 很有必要		有必要		无所谓		没有必要		合计	
	人数	%	人数	%	人数	%	人数	%	人数	%
中国	168	19.4	591	68.4	70	8.1	35	4.1	864	100
外国	57	20.9	141	51.6	63	23.1	12	4.4	273	100

由于涉外突发事件的管理涉及在京中外籍人士的生命财产安全，能否处理得及时有效，不仅会影响北京市的形象，而且还会影响到中国政府在国际上的整体形象。所以，75.8%的中国受访者和63.3%的外籍受访者认为，应当通过加强对外国人的管理来预防涉外突发事件产生的损害，见表17。超过七成的中国受访者和外籍受访者认为，为了减少涉外突发事件可能产生的损害，有必要在平时

加强对外国人的教育与宣传，见表18。另外，65.1%的中国受访者和67%的外国受访者认为，有必要建立专门的涉外突发事件管理机构，以便在事件发生时做出及时、专业的反应，同时在日常生活中也能为外国人提供有关应对突发事件的各类宣传和服务。

表17　是否应当加强对外国人的管理以预防突发事件的发生

<table>
<tr><th rowspan="3">国　籍</th><th colspan="8">程　度</th><th colspan="2" rowspan="2">合计</th></tr>
<tr><th colspan="2">很有必要</th><th colspan="2">有必要</th><th colspan="2">无所谓</th><th colspan="2">没有必要</th></tr>
<tr><th>人数</th><th>%</th><th>人数</th><th>%</th><th>人数</th><th>%</th><th>人数</th><th>%</th><th>人数</th><th>%</th></tr>
<tr><td>中　国</td><td>129</td><td>15.1</td><td>519</td><td>60.7</td><td>123</td><td>14.4</td><td>84</td><td>9.8</td><td>855</td><td>100</td></tr>
<tr><td>外　国</td><td>54</td><td>20.0</td><td>117</td><td>43.3</td><td>69</td><td>25.6</td><td>30</td><td>11.1</td><td>270</td><td>100</td></tr>
</table>

表18　是否应当加强外国人预防突发事件的教育与宣传

<table>
<tr><th rowspan="3">国　籍</th><th colspan="8">程　度</th><th colspan="2" rowspan="2">合计</th></tr>
<tr><th colspan="2">很有必要</th><th colspan="2">有必要</th><th colspan="2">无所谓</th><th colspan="2">没有必要</th></tr>
<tr><th>人数</th><th>%</th><th>人数</th><th>%</th><th>人数</th><th>%</th><th>人数</th><th>%</th><th>人数</th><th>%</th></tr>
<tr><td>中　国</td><td>81</td><td>9.5</td><td>561</td><td>66.1</td><td>120</td><td>14.1</td><td>87</td><td>10.2</td><td>849</td><td>100</td></tr>
<tr><td>外　国</td><td>57</td><td>20.9</td><td>147</td><td>53.8</td><td>57</td><td>20.9</td><td>12</td><td>4.4</td><td>273</td><td>100</td></tr>
</table>

表19　是否有必要建立专门涉外突发事件管理机构

<table>
<tr><th rowspan="3">国　籍</th><th colspan="8">程　度</th><th colspan="2" rowspan="2">合计</th></tr>
<tr><th colspan="2">很有必要</th><th colspan="2">有必要</th><th colspan="2">无所谓</th><th colspan="2">没有必要</th></tr>
<tr><th>人数</th><th>%</th><th>人数</th><th>%</th><th>人数</th><th>%</th><th>人数</th><th>%</th><th>人数</th><th>%</th></tr>
<tr><td>中　国</td><td>48</td><td>5.6</td><td>507</td><td>59.5</td><td>126</td><td>14.8</td><td>171</td><td>20.1</td><td>852</td><td>100</td></tr>
<tr><td>外　国</td><td>51</td><td>19.3</td><td>126</td><td>47.7</td><td>57</td><td>21.6</td><td>30</td><td>11.4</td><td>264</td><td>100</td></tr>
</table>

针对问题“如何加强针对外国人的教育与宣传”，超过六成的外籍受访者认为以发放外文资料的形式进行宣传和教育是比较有效的方式。另外，通过媒体宣传和借助本国大使馆两种途径也是可用的。但是，外籍人士对于中国政府涉外窗口的信任度只有百分之三十左右，见表 20。

问卷调查结果显示，中外籍受访者认为还可以通过增加一些硬件设施提高北京市应对涉外突发事件的能力。中外受访者选择比较多的项目是增加定点医疗救护、设置电话热线、增设社区宣传点，见表 21。

表 20　如何加强针对外国人的教育与宣传

重要性排序	国籍 选项及选择		中国	国籍 选项及选择		外国
1	通过大使馆	人数	633	发放外文资料	人数	165
		%	75.4		%	61.1
2	发放外文资料	人数	498	媒体宣传	人数	129
		%	59.3		%	47.8
3	政府涉外窗口	人数	468	通过大使馆	人数	129
		%	55.7		%	47.8
4	媒体宣传	人数	459	政府涉外窗口	人数	84
		%	54.6		%	31.1
5	社区活动	人数	141	社区活动	人数	63
		%	16.8		%	23.3
6	其他	人数	21	其他	人数	4
		%	2.5		%	1.1

表 21　应当增加哪些设施以提高北京市的突发事件管理水平

重要性排序	国籍 选项及选择		中国	国籍 选项及选择		外国
1	定点医疗救护	人数	654	定点医疗救护	人数	138
		%	75.7		%	48.9
2	电话热线	人数	630	电话热线	人数	120
		%	72.9		%	42.6
3	管理部门	人数	474	社区宣传点	人数	120
		%	54.9		%	42.6
4	社区危机宣传点	人数	468	旅游设施的危机办公室	人数	114
		%	54.2		%	40.4
5	旅游设施的危机办公室	人数	411	突发事件网络论坛	人数	105
		%	47.6		%	37.2
6	突发事件网络论坛	人数	402	管理部门	人数	105
		%	46.5		%	37.2
7	其他	人数	24	其他	人数	0
		%	2.8		%	0

二、分析与政策建议

1. 从涉外突发事件的性质认知来看，自然灾害和公共服务水平被认为是涉外突发事件主要因素。根据“涉外突发事件相关信息认知”的调查结果可以说，涉外突发事件并不一定就导致外交事件或政治事件，更多的是检验北京市政府的公共服务水平，市政府能提供国际化的公共服务水平，涉外突发事件就不一定成为外交或政治事件，引发的危机就可以在国内或当地的法律和制度规范的框架内解决。从理论上讲，这表明了外交与外事管理的区别和联系，从现实生活讲，市政府在提高公共服务能力时，应该具有高度的外事管理意识。

2. 从涉外突发事件的管理主体来看，涉外突发事件的特殊性并没有充分的显现出来，涉外突发事件处理变成了危机事件处理，涉及部门多，因此首先要考虑突发事件的应急处置，同时也要对涉外突发事件涉及到的国际影响进行妥善处置。应设置专门职能部门，平时检验现有服务和管理体系的成效，注重日常防范和宣传；一旦涉外突发事件发生，马上能对事件的性质进行判断，把突发事件按性质的严重程度进行分类，根据事件的严重程度，组织动员相应的力量，一方面避免行政资源的浪费，一方面也避免应对不当。

3. 从涉外突发事件的处理方式看，处理事件的不透明性是引发怀疑市政府管理能力的重要原因。由于是涉外突发事件，其运作方式、执行对象和处理标准等，与国内处理突发事件存在着许多不同或差异，导致在涉外事件的某些处理环节上存在着不公开或不澄清的现象。其实，主管机构不应回避这一差异问题。由于发展的不同步问题，国内的不同区域尚且存在差异，国际社会也如此。问题的关键是在依法处理。尽管已有《中华人民共和国突发事件应对法》，但是由于程序法和实体法的区别，在一些问题上无法做出具体的规定。解决办法是由地方政府或人大结合本地具体情况颁布具体的实施措施。这样就能把涉外突发事件纳入到法律和公共管理的范畴。

4. 从国际化的趋势看，应改变原来“万能政府”的认识误区，政治与政府决策需要民主，但从突发事件的性质看，其处理机制更强调的是效率。应该借鉴国际社会危机管理的经验模式，发挥非政府组织、慈善机构、社区机构覆盖范围广的特点，以非官方的、治理的方式处理涉外突发事件。就目前北京市的状况而言，一方面通过政府牵头、社会各界参与、发动社区、企事业单位、学校等社会组织参与的方式，使涉外突发事件的应急处理范围得到扩大，又能节约公共管理的成本；一方面建立非政府组织的参与机制，加强信息系统建设，扩展信息传播途径，增加社区宣传力度，保证政府与公众间信息的及时沟通。平时注重针对在京外籍人士的特点和需求，增强防范意识，宣传防范方法和措施，提高其防范能力，并且要定期进行社会调查，及时掌握实际情况，使北京市涉外突发事件管理的能力不断提升。

第十三章　北京市外国驻华使馆的历史与现状

李潜虞*

使馆是一个主权国家在其建交国首都派驻的常设外交代表机构，是国际社会普遍接受的外交制度。对于中国来说，外国驻华使馆具有特殊的历史色彩。这是由于使馆这一外交制度并不发源于中国，而是西方列强通过战争手段强迫中国接受的，它一开始就成为近代中国屈辱外交的象征，也是中外矛盾的焦点。本文认为：北京市外国驻华使馆的历史变迁反映着近代以来中国外交的风云变幻，体现着中国的兴衰荣辱，反映着晚清、民国和新中国不同历史时期的重大外交政策，因此，可以说外国驻华使馆的历史就是一部浓缩的中国外交史。对于这样一个重要的问题，以往的研究往往集中于

---

* 李潜虞，外交学院外交学与外事管理系讲师、法学博士，研究方向：中国外交史。本文原载于《前沿》2014年7月，总第363、364期，第212—215页。

晚清时期外国驻华使馆的建立，而缺乏更加宏大的历史叙事。本文拟以晚晴、民国外交档案为基础，结合实地考察与访谈，分三个阶段全面勾勒北京市外国驻华使馆的历史与现状，同时为北京市更好地与驻华使馆交流合作，打造国际交往中心提供意见与建议。

一、晚清时期外国驻华使馆的建立

早在1793年，英国派出以马戛尔尼为首的使团出使中国，并提出要在中国派遣外交使节，但乾隆皇帝表示派遣使节“与天朝体制不合，断不可行。”[①] 究其原因，当时的统治者认为“天朝物产丰盈，无所不有，原不籍外夷货物以通有无”，而外国遣使来华是因为“倾心向化，远慕声教”。[②] 也就是说，中国没有进行对外贸易的必要，而在文明上又远远高于其他国家。在这种虚幻的世界图景中，外国驻华使馆的建立当然无从谈起。

第一次鸦片战争后，英国迫使中国签订了《南京条约》，根据条约的规定，英国的“总管大员”可以用“照会”与中国官员平等往来。[③] 之所以这样做是因为清政府过去一直拒绝承认代表英国的商务监督的官方身份，英国商务监督只能通过行商“禀见”广东的

① 《清实录·高宗纯皇帝实录（总第二十七）》卷一四三五，北京：中华书局1986年版，第184页。

② 同上，第184—185页。

③ 王铁崖编：《中外旧约章汇编》第一册，北京：三联书店1957年版，第32页。

地方官。但是，这种规定并没有使得中外之间的官方往来变得顺畅起来。兼任五口通商大臣的两广总督叶名琛一味地拒绝与英法等国外交代表进行接触，另一方面，西方列强还有很多目的没有达到。在这种情况下，借修改第一批不平等条约的机会，西方列强提出了公使驻京的要求。但这些要求都被咸丰皇帝严词拒绝，中外交往陷入死结，这成为第二次鸦片战争爆发的原因之一。

列强最终通过战争的手段迫使清政府接受了外国公使驻京的要求。1858 年的《中英天津条约》规定，英国使节是在北京长期居住还是随时往来完全由英国政府自行决定。[①] 清政府本来通过在进出口税率方面做出让步推翻了上述规定，但在换约问题上中外再起争端，英法联军入侵北京，清廷被迫签订《北京条约》，该条约规定外国公使驻京问题仍按照《天津条约》的相关条款处理。[②] 美国驻华公使首先抵达北京，随后法国公使和英国公使也分别于 1861 年 3 月来到北京。英法两国公使所做的第一件事就是抢占清朝的王侯府邸作为自己的使馆，英国公使抢占了满清贵族奕梁的宅邸，该处宅邸当时名为梁公府。法国公使抢占纯公府，这是清王室辅国公纯堪的宅邸。随后，美俄两国公使也在附近建立了自己的使馆。列强占用王侯府邸作为使馆的目的之一就是打击清朝唯我独尊的华裔体系思想，彰显自己的政治地位。这些府邸都位于东交民巷一带，这样一来东交民巷称为了北京的使馆区。

---

① 王铁崖编：《中外旧约章汇编》第一册，北京：三联书店 1957 年版，第 96 页。

② 同上，第 144 页。

使馆的建立并不意味着外国驻华使节制度完全建立起来，因为此时外国驻华使节还不能面见清朝皇帝。咸丰皇帝对于外国使节亲递国书深恶痛绝。同治皇帝即位后，清朝又以同治年龄幼小为名，拒绝外国使节觐见。其核心问题是外国公使觐见皇帝的礼节问题，清朝政府仍然幻想维持朝贡体系的礼节。为了不给外国更改礼节的把柄，清政府甚至要求第一次代表中国出使的蒲安臣使团不要与外国君主见面，即使偶然遇见，也要“彼此概免行礼”。①

第二次鸦片战争后，洋务派开始提出新的外交思想，在礼节问题上也有新见解。1867 年 11 月，左宗棠就表示清朝已经没有能力使欧美国家臣服，这些国家已经是中国的“均敌之国”。所谓的“均敌之国”并不是敌国的意思，而是与中国地位平等的意思。左宗棠进而指出，既然已经承认了对方的平等地位，就不必强迫对方实行过去朝贡体系的叩拜礼节。② 曾国藩也提出在同治皇帝亲政以后，应该允许外国公使觐见。这些公使既然来自地位平等的“敌国”，礼节也只能临时酌定，不能强其所难。③ 这两人都不约而同地谈到由于清廷实力的衰微，实际上已经无法维持过去的朝贡体系，外国已经获得了与中国平等的地位，不可能再以藩属之礼对待，因此，外国驻华使节制度也必须按照现在的实际情况进行调整。

1873 年，同治皇帝开始亲政，各国驻华使节又一次提出觐见皇

① 复旦大学历史系中国近代史教研组编：《中国近代对外关系史资料选辑 1840—1949》上卷第一分册，上海人民出版社 1977 年版，第 245 页。

② 《筹办夷务始末（同治朝）》第六册，北京：中华书局 2008 年版，第 2153—2154 页。

③ 同上，第 2226—2227 页。

帝，李鸿章提出自从道光咸丰以来，中国与西方列强签订了许多条约，这是“数千年一大变局”，西方列强是“敌体平行之国”，就是地位平等的国家。既然是“敌体平行之国”，就不便让其行属国的礼节。[①] 李鸿章的说法与左宗棠、曾国藩的言论一般无二。洋务派的言论表明，在清朝统治阶层内部，华夷体系思想已经衰微，一些能够客观认识世界的上层官僚已经不再把西方国家当作“蛮夷”，而能够将其放在一个平等的地位上看待。这种思想上的变化使得外国驻华使节制度最终完备起来。

1873 年 6 月 29 日，外公公使终于在中南海紫光阁面见了同治皇帝，并递交了国书。他们向同治皇帝行了五鞠躬礼，而不是跪拜的礼节。同治皇帝欠身致意，并通过身边的恭亲王表示接收国书，并向各国君主问好。以后，光绪皇帝也接见过外国驻华公使，慈禧太后接见过公使夫人。

在义和团运动期间，位于东交民巷的各国驻华使馆遭到义和团和清军的攻打。1901 年，清政府与列强签订了《辛丑条约》，东交民巷成为专门的使馆区，并由外国驻华使馆管理，中国人不准在该区域内居住。外国还可以派军队保卫使馆。[②] 条约的附件十四还明确划定了使馆区的范围。从此，中国丧失了对北京使馆区的管辖权，东交民巷成为一个不受中国政府管辖的“国中之国”。

---

① 《筹办夷务始末（同治朝）》第六册，北京：中华书局 2008 年版，第 3624—3626 页。

② 王铁崖编：《中外旧约长汇编》第一册，北京：三联书店 1957 年版，第 1006 页。

二、民国时期北京市使馆区的变迁

到1912年，已有12个国家在东交民巷使馆区建立了使馆。使馆区的管理由《辛丑条约》缔约国驻华使节开会来商定。从1901年到1911年的十年间，整个使馆区没有统一管理。列强认为有必要统一管理使馆区，并于1912年制定了统一管理的相关措施，其中最重要的就是成立了管理使馆界事务公署（The Administrative Commission of the Diplomatic Quarter，以下简称公署）。公署由五名代表组成，其中三人由《辛丑条约》缔约国驻华使节指定，而另外两人由使馆区的居民选举产生。这五名代表任期一年，可连选连任。公署的行动通过投票的方式以简单多数决定。公署主席必须由《辛丑条约》缔约国驻华使节指定的三名代表中产生。公署的一切行动必须受到《辛丑条约》缔约国驻华使馆馆长的控制和认可。公署设立一个常任秘书办公室，并指定一名官员担任常任秘书，常任秘书不能从公署的五名代表中产生。这名常任秘书就成为北京使馆区日常事务的实际管理者。①

对于使馆区成立这样一个类似于政府的机构，北京政府立刻予以承认并表示欢迎。1914年1月16日，北京政府外交部致函内务

---

① Robert More Duncan, *Peiping Municipality and the Diplomatic Quarter*, Department of Political Science, Yenching University (Peiping: Peiyang Press Ltd, 1933), pp. 104-107.

部通报了公署成立的消息。外交部在函中明确指出："若将来凡使馆界内事务由该署与警厅及北京市地方官直接来往，则与速办事件殊有裨益。"内务部接函后立刻将此函作为命令下达给京师警察厅。[①] 实际上，公署从 1919 年才开始真正管理使馆区。也就是说在北京政府承认公署的时候，公署实际上还没有开始运作。北京政府之所以这样急于承认公署，其根本原因是袁世凯为了获得列强对中华民国的承认，采取了承认一切不平等条约的政策。袁世凯在 1913 年 10 月 10 日就任正式总统的就职演说中明确承诺："所有前清政府及中华民国临时政府与各外国政府所订条约协约公约，必应恪守。"[②] 这里所说的条约自然包括《辛丑条约》。北京政府对公署予以承认并采取积极合作的态度也就不难理解了。

1927 年 4 月，南京国民政府成立，并积极开展修约外交。在这一大背景下，北平市政府曾一度准备收回北京使馆区，1929 年年初，北平市政府草拟了《筹拟收回使馆界行政权案》。这份文件草案明确指出："现值中央政府与各国修订新约之时，对于北平使馆界行政权似应早日收归市政，以期根本解决。"文件提出北平市致函外交部分别进行交涉。[③] 然而，南京国民政府在外交政策上很快体现出亲美反苏的倾向，收回北京使馆区的动议也就不了了之了。

---

① 《京师警察厅行政处关于使馆界内设立事务公署的公函》，北京市档案馆档案，档号：J181-018-03488。

② 程道德等编：《中华民国外交史资料选编一九一一——一九一九》，北京：北京大学出版社 1988 年版，第 5 页。

③《北平特别市政府关拟收回使馆界行政权及军人纪幕天经使馆界被阻拦的来函》，北京市档案馆档案，档号：J001-007-00013。

抗日战争后期，中国参加反法西斯同盟，中国的国际地位有了显著提高。1943 年 1 月，重庆国民政府与美国和英国签订了关于取消外国在华治外法权及收回租界和使馆区的新约。以中美新约为例，条约规定："美利坚合众国政府愿协助中华民国政府与其他有关政府成立必要之协定，将北平使馆界之行政与管理，连同使馆界之一切官有资产与官有义务移交于中华民国政府。"①

1945 年 11 月 24 日，国民党政府行政院公布了《接收租界及北平使馆界办法》，其主要内容是：主管机关接收各租界或北平使馆界时，应将公有资产区分为三类：一，原为租界或北平使馆界为公有者；二，原为同盟国或中立国之政府所有者；三，原为敌国政府所有者。对于第一类资产，应点明清册，对照物品之数量及其状况先行接管。其债权债务关系留待清理委员会清理。对于第二类资产，应予证明属实后准其继续保有。对于第三类资产，应由主管市政府接管，缮造清册，呈报行政院核办。凡属于敌国使馆之财产，应由外交部派员会同市政府接收。办法还特别规定：北平使馆界内同盟国原有之使馆土地及房屋应按中美中英等新约规定，准其继续使用，由各邦国政府派员接收。② 这表明，对于北京使馆区国民党政府所能接收到的资产是第一类和第三类，即官有资产和敌国政府的资产。

---

① 王铁崖编：《中外旧约章汇编》第三册，北京：三联书店 1957 年版，第 1256—1257 页。

② 《北平市政府奉行政院令发接收租界、使馆界办法的训令及财政局给所属机关的训令》，北京市档案馆档案，档号：J009-001-00140。

办法还规定每一租界或北平使馆界接收完毕后，由政府组织一个清理委员会，审查并确定各块租界及北平使馆界内应移转于中国政府的官有资产及官有义务债务。[①] 1946 年 7 月，北平使馆界官有资产及官有债务义务清理委员会正式成立。由市长熊斌（后为何思源）任主任委员，委员 7 人。[②]

自清理委员会成立到 1947 年 12 月清理工作基本结束，北平市政府各部门及清理委员会主要做了以下三个方面的工作：

首先，确定了到底什么是北平使馆区的官有资产、官有义务和债务。官有资产是指管理使馆界事务公署所有及保管的一切资产，包括动产、不动产、流动资产、设备及使馆界广场，这些资产都进行绘图和清点造册的工作。官有义务是指公署所行使之公共职务，包括治安、消防、卫生和公务四项。这些义务现在已经由中国政府履行，以后应继续由中国政府履行。官有债务是指公署所欠的债务。[③] 由此可见，使馆界的官有资产、官有义务和债务都与管理使馆界事务公署有关。

其次，北平市政府各部门开始恢复使馆区的市政工程建设，收回使馆区的公用设施。1946 年 12 月至次年 7 月，北平市工务局制

---

① 《北平市政府奉行政院令发接收租界、使馆界办法的训令及财政局给所属机关的训令》，北京市档案馆档案，档号：J009-001-00140。

② 万永光：《国民党政府收回北平使馆界》，载《文史资料选编》第四十二辑（中国人民政治协商会议北京市委员会文史资料研究委员会编），北京：北京出版社 1992 年版，第 242 页。

③ 万永光：《国民党政府收回北平使馆界》，《文史资料选编》第四十二辑（中国人民政治协商会议北京市委员会文史资料研究委员会编），北京：北京出版社 1992 年版，第 244 页。

定了整修使馆区道路的计划，并对使馆区的内树木、桥梁等进行了统一的接收，还提出了使馆区的改建计划。[①] 1947 年 6 月至 7 月，北平市卫生局也接收了使馆区的公共厕所，并制定了整修启用计划。[②]

第三，有限度地清理使馆区中西方列强留下的有辱中国国体的痕迹。在英国使馆围墙的东北角墙壁上，有义和团运动时期留下的枪弹损坏痕迹 30 余处，英国使馆在其上用蓝油漆写了“Last We Forgot”（永志不忘）的字样，而且字迹清晰，清理委员会员认为“有碍新好”，通知英国使馆予以清除。另外，在德国使馆院内有遗留下来的铜炮两门，清理委员会通知工务局将这些铜炮转移到位于故宫午门的历史博物馆。但是，这种清除工作也不彻底。在英国使馆门前有两座石碑，分别记载了义和团攻打英国使馆的日期和在义和团运动中死亡的英国人的姓名。清理委员会认为石碑上只有日期和人名，并无其他文字，因此允许英国使馆将石碑移至馆内保存。[③]

应该说，当时的北平市政府为收回使馆区做了一些工作，同时提出了一些规划，这些规划是美好的，然而国民党政府在内战中连连败绩，彻底收回改造使馆区的历史责任显然已经不能由国民党政

---

① 《北平市政府关于接管前使馆界树木石桥和拨东单练兵场地基为北平社会服务处举办各项建设用的巡礼及工务局的呈》，北京市档案馆档案，档号：J017-001-03313。

② 《卫生局关于接收使馆界内公厕一案办理情形及公厕粪便处理的呈文、公函及市政府命令》，北京市档案馆档案，档号：J005-001-01536。

③ 万永光：《国民党政府收回北平使馆界》，《文史资料选编》第四十二辑（中国人民政治协商会议北京市委员会文史资料研究委员会编），北京出版社 1992 年版，第 244 页；《北平市工务局关于将前德国使馆院内碑炮移运历史博物馆保管办理情形给市政府的签呈》，北京市档案馆档案，档号：J017-001-03451。

府来完成了。

三、外国驻华使馆的现状与北京的城市定位

1949 年，中国共产党提出了“一边倒”“另起炉灶”和“打扫干净屋子再请客”三大外交政策。其中“另起炉灶”和“打扫干净屋子再请客”这两项政策直接与外国驻华使馆有关。这两项政策的含义就是新中国不承认国民党政府旧有的外交关系，不把外国驻华使节当作外交代表看待，而只是当作一般侨民来加以保护。新中国要通过谈判与世界各国建立新的外交关系，同时要清除外国根据不平等条约获得的不正当权利。根据这些外交指导原则，北京市军事管制委员会收回了美国、法国和荷兰等在东交民巷的兵营。随后，按照北京市的统一安排，各国使馆逐步在北京东部的新使馆区建立馆舍。

截至 2011 年 7 月 31 日，已有 172 个国家与我国建立了外交关系。[①] 而截至 2011 年，联合国的会员国为 193 个。[②] 与我国建交的国家占联合国会员国的 89.1%。有 163 个国家在北京建立了大使馆，其中有 45 个亚洲国家，49 个非洲国家，40 个欧洲国家，21 个美洲

---

① 中华人民共和国外交部网站，http：//www.fmprc.gov.cn/mfa_ chn/ziliao_ 611306/2193_ 611376/，访问日期：2014 年 3 月 13 日。

② 联合国网站，http：//www.un.org/zh/members/growth.shtml，访问日期：2014 年 3 月 14 日。

国家，8 个大洋洲国家。目前，北京有三个使馆区，按照门牌号计算，三个使馆区现有独立馆舍 133 座，这些馆舍由各国大使馆和国际组织驻华代表处使用。①

新中国建立后迎来了第一次建交高潮，与新中国建交的主要是苏联以及东欧和亚洲的社会主义国家。新中国外交部一直积极致力于帮助这些国家解决使馆的馆舍问题。中国于 20 世纪 50 年代开始兴建第一使馆区，该使馆区位于东二环路以东，建国门外大街以北，东大桥路以西，北至芳草地社区。共有独立馆舍 42 座。使馆区围绕在日坛公园周边，环境较为优美。在第一使馆区内有一些社会主义国家驻华使馆，如罗马尼亚、阿尔巴尼亚、朝鲜、蒙古等国使馆。20 世纪 50 年代，中国是社会主义阵营的成员，上述国家大都在第一次建交高潮中与新中国建交，双方关系友好，因此，中方为其提供的馆舍建设用地面积都比较大。该使馆区还建有建外外交公寓和齐家园外交公寓，供外交官寓邸之用，房屋轩敞，适宜居住。一些外国新闻媒体的驻华机构也租用外交公寓作为办公场所。

万隆会议之后，中国与亚非国家关系获得了巨大的发展。中国迎来了第二次建交高潮。从 1955 年到 1965 年的十年间，与新中国建交国家的数量翻了一倍，其中主要是亚洲和非洲摆脱殖民统治获得民族独立的国家。1972 年，美国总统尼克松访华，中美关系实现缓和，中国与西方大国的关系也打开了局面，中国迎来第三次建交

① 作者对北京外交人员服务局工作人员的采访，采访时间 2013 年 8 月 1 日。还有一些建交国在外交公寓或外交办公大楼内设立使馆，无独立馆舍。

高潮，联邦德国、澳大利亚、加拿大等欧美国家纷纷与中国建交。第二使馆区就是第二次和第三次建交高潮的表现。该使馆区位于工人体育场北路以北，亮马河南路以南，东三环路以西，春秀路以东，共建有独立馆舍 78 座，分别由欧、亚、非、拉等各国大使馆使用。这些大使馆占地面积相似，建筑物外观也比较相似，给人整齐划一的感觉。塔园外交公寓、三里屯外交公寓也位于该使馆区内，这些外交公寓的功用和建外外交公寓以及齐家园外交公寓相似，部分小国也租用这些外交公寓的单元房作为使馆馆舍。

21 世纪以来，中国与外部世界的联系日益紧密，中国对外关系呈现出全方位纵深化的趋势。中国人不断走向世界，各国驻华使馆的工作也日益丰富和繁忙。建于 20 世纪 50 至 70 年代的两个使馆区已不敷使用，第三使馆区于是应运而生。第三使馆区位于东三环路以东，亮马河路以北，目前有独立馆舍 13 座，但馆舍数目还在增加中。在第三使馆区内，已经不再由中国政府统一安排建设用地，而是根据各国提出的要求并结合我国的对外政策和实际情况来确定用地面积，由各国自行设计，自行建设，因此馆舍的建筑风格各异，能够体现各国的民族特色，如马来西亚使馆、印度使馆就是明显的例证。特别是该使馆区内的使馆多以综合国力较强的国家使馆为主，如美国、法国、日本、韩国、以色列等，因此，使馆馆舍建筑规模宏大，功能设施现代化程度高。①

进入 21 世纪，随着中国与外部世界交往的密切，外国驻华使馆

① 作者对北京外交人员服务局工作人员的采访，采访时间 2013 年 8 月 1 日。

在华的活动也体现出多领域、专业化、话语权提升等特点。使馆除负责内部行政事务的办公室和两国政治关系的政治处外，还有经济处、商务处、文化处、教育处、旅游处等多个专业部门。经济处负责调研中国经济和社会发展的宏观情况，商务处促进派遣国向中国的出口，文化处专注于两国的文化交流，教育处为中国学生留学提供政策咨询，而旅游处吸引中国公民前往派遣国旅游。这些专业部门往往在使馆馆舍外的独立办公场所办公，规模庞大，雇用了大量的中国雇员参与工作。近些年来，外国驻华使馆的中方雇员也往往多为具有海外留学经历或相关工作背景的专业人士，极大提升了这些部门的专业化水平。这些部门实际上已经成为特殊的专业咨询机构。他们不仅为派遣国来华访问的各种代表团服务，参与各种大型展会，更为重要的是他们还有调研和提供信息的职责，成为派遣国各界与中国沟通交流的桥梁。这些专业处室的交往对象已经从中国的政府部门扩大到各类的企事业单位和公民个人。

更为重要的是，外国驻华使馆对中国社会生活的话语权正在增加。过去，普通中国人与外国驻华使馆没有什么接触的机会，但随着中国对外开放程度的迅速提升，特别是网络这一交流渠道的迅猛发展，越来越多的中国人可以直接从外国驻华使馆获取信息，且外国驻华使馆的话语权在不断提升。美国驻华使馆发布北京空气中PM2.5的数值并引起社会各界广泛关注就是一个典型的事例。由于驻华使馆的工作需要和所享受的外交特权与豁免，可以预见这种情况还可能发生。

2014 年 2 月，习近平总书记考察北京时提出北京应“明确城市战略定位，坚持和强化首都全国政治中心、文化中心、国际交往中心、科技创新中心的核心功能”。[①] 全国政治中心、文化中心、国际交往中心和科技创新中心这四个北京的城市定位，三个与外国驻华使馆有关。根据外交惯例，外国使馆必须设立于一国的首都，因此，这 163 个外国驻华使馆是北京市打造国际交往中心的重要基础和独一无二的有利条件，外国驻华使馆已经成为北京这座国际化大都市的重要组成部分。外国驻华使馆汇聚于北京，不仅极大便利了北京与外部世界的交流与沟通，更彰显着北京作为全国政治中心的重要地位。由使馆所直接带来的中外人员往来促进了首都经济的繁荣，更是北京进行产业转型升级，提升服务业水平的良好契机。同时，使馆还直接带来了丰富多彩的异域文化，这对于提升北京的文化品位，使北京文化更加丰富多彩有着直接的推动作用。因此，必须把外国驻华使馆看作北京独有的优势加以充分利用。驻华使馆所发布的信息，其中大部分内容是对使馆工作和派遣国基本情况的介绍，只要不干涉中国内政，违反相关的国际条约和中国法律，就应该以一种积极的态度来对待。

基于以上判断，笔者建议北京市政府各级各部门的负责人应重视与外国驻华使馆进行的交往并保持经常联络，全面了解外国驻华使馆的内部结构和工作内容，掌握有关使馆的基本知识。特别是通

---

① 《习近平在北京考察工作时强调立足优势深化改革勇于开拓在建设首善之区上不断取得新成绩》，《人民日报》2014 年 2 月 27 日，第一版。

过使馆了解派遣国在经贸、旅游、教育等领域的最新情况，并根据北京市的具体实际寻找中外合作的机会。同时，尽可能便利外国驻华使馆的工作，注重利用外国驻华使馆所带来的中外人员往来，大力发展会展、酒店、旅游、翻译、咨询等服务产业，促进首都产业的转型升级。最后，对于北京来说，维护安全稳定意义非同寻常。外国驻华使馆是北京维护安全稳定的重点部位，要采取措施防止外国驻华使馆成为极端分子攻击的对象。

四、结　论

综上所述，北京市外国驻华使馆的历史就是一部浓缩的中国外交史，也是中国从衰败走向复兴历史进程的缩影。历届中国政府的重大外交政策在外国驻华使馆问题上都有所体现。外国驻华使馆是观察中国外交战略与外交思想变化的独特窗口，从中可以看到近代以来中国外交政策的具体落实情况。总结北京市外国使馆从晚清到今天的历史，有助于我们更加全面准确地了解中国外交史，也可以为北京打造国际交往中心提供有益的借鉴。

第十四章　北京市对外体育交流的现状与发展对策研究

周庆杰*　王　莉**　孟　涛***　林北生****

一、研究方法

采用实地调研、专家访谈、文献资料调研和逻辑分析等方法以北京市对外体育交流的相关政府职能部门、学校、体育中介机构、体育经纪公司等为主要研究对象，以北京体育的国际化为切入点，

---

* 周庆杰，外交学院体育教研室教授，硕士。主要从事对外武术教学、武术文化、体育外交研究。

** 王莉，外交学院体育教研室副教授，硕士。主要从事对外武术教学、武术文化、体育外交研究。

*** 孟涛，首都体育学院技术学部武术教研室教师。

**** 林北生，北京中医药大学体育部教师。本文原载于《体育文化导刊》2012 年第 12 期，第 1—18 页。

系统研究北京对外体育交流的现状和相关问题。

二、结果与分析

交流环境、交流主体、交流内容、交流方式和交流成果构成了对外体育交流过程的中心环节。

(一) 交流环境

1. 体育设施

体育设施是进行对外体育交流活动的必备场所，如体育场(馆)、体育文化活动中心、体育博物馆、展览馆等。这些硬件设施的质量和数量在很大程度上决定体育交流活动的规模、层次和水平。

对外体育交流，尤其是大型国际体育赛事的举办，在客观刺激了北京市体育设施建设。1978 年以前，北京市仅有体育场地 472 个，1985 年达 807 个。由于北京获得第十一届亚运会的举办权，1986—1990 年间，新建 605 个体育场地；1996—2000 年，由于要举办世界大学生运动会，新建 2984 个体育场地；2001—2003 年，申奥成功进一步刺激了体育设施建设，新建 6808 个体育场地。随着 2008 年北京奥运会的成功举办，一批新建成的体育设施让北京成为我国体育设施最完善的城市。这为北京进行更加广泛和深入的对外体育交流活动奠定了基础。

2. 软件环境

由于国家体育政府职能部门地处北京，这使北京拥有中国其他城市无可比拟的综合资源优势。此外，一些国际组织和国际体育经纪公司亦云集京城，都设有驻京办事机构。这些都直接或间接地为北京开展对外体育交流活动创造了条件，增加了渠道、拓展了空间。

（二）交流主体

1. 政府机构

调查显示，文化部、国家体育总局、教育部等国家行政部门在京组织举办的体育交流活动，往往需要北京市政府联合主办、协办或承办。此外，中华全国体育总会、中国大学生体育协会、中国中学生体育协会、国家体育总局下属各单项体育协会等体育机构，为北京开展对外体育交流活动创造了便利。这些国字头的体育机构在京开展的对外体育文化交流活动不仅提升了北京对外体育交流的规模和等级，还拓宽了北京对外体育交流的渠道和内容。

2. 体育中介机构/体育经纪公司

由于巨大商业利益，体育中介机构/体育经纪公司常常以赛事推广机构的角色出现。

3. 体育俱乐部

4. 学校和科研机构

5. 民间体育社团

6. 企业

调查发现，北京市的一些企业由于其自身有着较好的资金、场地等资源，出于公关等需要常常会举办一些对外体育交流活动。

7. 体育基金会

8. 国际组织驻京办事机构

目前，在京的国际组织办事机构如世界卫生组织、联合国教科文组织、联合国儿童基金会等。

9. 其他

北京和驻京的军事及公安系统为加强与世界其他国家和地区军警系统的联系，扩大影响，亦常常开展和参与国际军警体育交流活动。

（三）交流内容

1. 竞技体育

（1）奥运项目

调查显示，目前北京对外体育交流的交流内容以乒乓球、跳水、游泳、网球、棋牌和武术为主。

（2）非奥运项目

由于非奥运项目多为大众健身内容，且与普通北京市民生活息息相关，有广泛的基础和发展空间。通过交流，体育健身俱乐部为北京市民引进国外先进的健康理念和科学的健身方法。

（3）其他项目

调查显示，目前北京对外体育交流的内容除常规项目之外，还涉及一些在世界体坛具有一定影响但在我国影响范围较小的运动项目。如，源自荷兰，已具有80多年历史的球类运动——合球。2004年3月25日，国际合球总会（International Korfball Federation）会长杨·法兰索（Jan C. Fransoo）博士率领的荷兰合球国家队一行20人到访首都体育学院，并向该院师生传授合球技术。

（4）残疾人体育

调查显示，近年来北京开展的残疾人体育交流活动有“好运北京”国际轮椅篮球邀请赛、2008年北京残奥会等。

2. 群众体育

调查显示，群众体育交流是北京对外体育交流的重要内容。其中，知名的品牌活动有北京国际马拉松赛、北京国际接力马拉松赛、北京国际长走大会等。

3. 学校体育

（1）高校体育

调查显示，北京体育大学、首都体育学院是北京对外体育交流的重点单位。其中，北京体育大学最早被国家批准招收外国留学生和接受外国专家，是唯一进入“111引智计划”并在国外设立“孔子学院”的高等体育院校。与22个国家和地区的43所大学和体育组织建立了校际关系和友好合作关系，开展师生交流、远程教学等合作。首都体育学院作为北京市市属院校，与北京市体育局有着长期密切的联系，承担了北京市体育局委托的一系列具有重大影响的国际体育赛事。尤其是近5年来，首都体育学院对外体育交流活动频繁，每年均有数十批次的出访和来访活动，同前已与世界20多所大学和研究机构签订了合作协议，互派学生与访问学者。

另外，一些拥有高水平运动队的高校在北京对外体育交流中已形成品牌效应。如北京师范大学女子足球队、清华大学田径队、中国农业大学橄榄球队，等等。

（2）中学体育

调查表明，目前北京市部分中学尤其是重点体育传统项目学校对外体育交流活跃。如，北京师范大学附属实验中学的游泳和排球、北京八中的田径和游泳等。

另外，一些北京市属的中等体育职业学校，如北京什刹海体育运动学校、北京市芦城体校等都是对外体育交流的重点单位。其中，北京什刹海体育运动学校对外体育交流活动十分频繁。

（3）小学体育

调查表明，北京市小学开展对外体育交流的学校较少，但一些体育传统校利用自身优势开展了程度不同的交流活动。西单小学是北京市棒球项目传统校，1990年以来，棒球队与日本东京少年棒球队进行了 14 届交流比赛；北京理工大学附小是北京市棒球项目传统校，多年来一直参加由北京国际体育交流中心举办的国际儿童少年棒球邀请赛；地坛小学是北京市足球传统校，曾获得“乐百氏杯”国际足球邀请赛北京赛区冠军、中国赛季军。

4. **体育产业**

随着北京申奥成功和国际化体育中心城市建设目标的确定，以及北京奥运经济的深度开发，北京体育产业能够优化首都经济结构、拉动首都经济新的增长点，得到了北京市委、市政府的高度重视。

近年在北京举办的与体育产业相关的重大对外交流活动有：中国国际体育用品博览会、北京国际体育与休闲设施及用品博览会、亚洲国际品牌体育用品及运动时尚博览会、北京体育产业展，等等。

5. **体育学术**

北京作为第 29 届奥林匹克运动会的举办城市，在筹备过程中开展了一系列国际级的重大体育学术交流活动。2003—2008 年，作为北京奥林匹克文化节重要内容之一的“北京 2008 奥运国际论坛”共举办了 6 届；2006 年 10 月，北京举行了第 5 届世界体育、教育与文化论坛。2005 年 5 月 16 日，2005《财富》全球论坛中国体育圆桌会议在北京开幕，首次举办以体育为主题内容的圆桌会议。这些论坛为观察北京和中国体育搭建了一个国际化的平台，也为认识北京和中国提供了视角，还为北京和中国体育界向世界学习提供了一个机会。

6. **体育文化**

2008年北京奥运会前后是北京对外体育文化交流的高发期。2003—2008年间，北京共举办了6届奥林匹克文化节，其中具有较大影响的活动有北京国际体育电影周、第13届世界奥林匹克收藏览会（2007年6月），等等。

7. **体育信息**

2005年5月19日，以“体育信息的价值——面向2008北京”为主题的第12届世界体育信息科学大会在北京体育大学举行。来自32个国家和地区的近200名体育信息专家在为期3天的会议中围绕奥运会和国际比赛的信息服务、体育档案和数字化、体育统计标准和服务、培养优秀运动员的体育信息、体育信息的未来需求等主题进行深入研讨。

8. **体育媒介**

近年来北京出现了一些通过体育媒介进行体育营销的机构，其中具有代表性的是北京中盟国际体育管理有限公司。

9. **体育管理**

同前北京体育大学和首都体育学院分别与国外合作开设了体育

管理专业，北京大学和清华大学分别开设了体育管理研修班。

鉴于北京市政府及相关职能部门尚未公开相关体育管理人员对外交流的信息，我们尚无法就政府层面的体育管理交流状况进行分析讨论。

10. **参观访问**

目前北京对外体育交流中参观访问所占比重最大。由于性质和目的不同，参观访问又分为礼节性来访和公务性来访。进一步研究发现，北京对外体育交流中的参观访问多为官方或半官方行为，民间参观或访问活动较少。

11. **军警体育**

参加世界军警体育比赛是展示国家实力和军队形象的重要途径。

(四) 交流方式

1. 按交流目的和内容可采用训练、教学、比赛（商业赛事、竞技、友好交流、慈善义演等)、留学、医疗、管理、博览会、会议、观摩、商务考察、旅游、合作办学、科研、参观访问等方式。

2. 按交流性质分为官方、民间和亦官亦民三种方式，其中规格和等级最高的是官方体育交流。官方体育交流作为北京最重要的对外体育交流形式，对于北京体育的国际化发展有至关重要的导向作用，其最直接的表现形式是正常工作中的接访和出访：相对于官方体育交流门槛较高的现象，民间体育交流则具有“船小好掉头”的特点。一些小范围的体育交流活动或比赛多以民间交流的方式进行，在筹备和运作方面更灵活方便，表现为比赛、表演、参观访问等方式；亦官亦民的对外体育交流活动是由政府主导、社会参与、体育协会积极主办的形式进行的，主要表现为联谊活动。

3. 按交流规模分为重大体育交流、大型体育交流、中型体育交流和小型体育交流。

4. 按交流主体

政府机构对外体育交流的交流方式主要有出访、接访、会议、论坛、合同谈判、商务考察，等等。

体育中介机构/体育经纪公司的主要服务形式有：寻求赞助、营销、教练员、运动员市场推广、合同谈判、赛事策划，等等。

国外著名体育中介机构/体育经纪公司的主要服务形式有：运动员事务代理、营销、教练员、运动员市场推广、产品指定、合同谈判、金融计划、在职和退役计划、争议解决、医疗服务、法律咨询、寻求赞助、市场研究、经济计划、健康和身体训练咨询、法律咨询，等等。

体育俱乐部的交流方式主要表现为：赛事运作、教练员、运动员市场推广、寻求赞助、商务考察、合同谈判、赛事策划，等等。

学校和科研机构交流方式主要有：教学、科研、合作办学、比赛、训练、演出及参观访问等。

北京民间体育社团主要交流方式有：教学、比赛、演出等。

企业的体育交流形式主要有：比赛、演出等。

体育基金会的交流形式主要有：博览会、商务考察、比赛、演出等。

国际组织驻京办事机构的交流形式主要有：演出、比赛和参观访问等。

5. 按交流时间

有长期、中长期和短期三种交流方式。目前，北京对外体育交流的绝大部分属于短期交流，来京交流团体或个人的停留时间多在1—2 个星期之内。

6. 按交流者的年龄分为少儿、青年、成年和老年。其中，成人体育交流所占比重最大，其次是青年体育交流，再次是少儿体育交流，最后是老年体育交流。

7. 按参与交流国家或地区的多少数量分为双边体育交流和多边体育交流。近年来，北京的双边体育交流主要表现为参观访问、比赛等。

（五）交流成果

1. 国际体育竞技能力不断提高。

2. 北京成为重大国际体育赛事的举办地。

3. 增加了国际体育赛事运作经验

通过举办和参与重大国际体育赛事，北京在竞赛申办、运营、组织管理、接待、市场开发、交通、新闻宣传、信息技术、开闭幕式和安保等诸多方面积累了丰富的实践经验。

三、存在的问题

（一）思想认识观念落后

相关政府决策部门过于关注和追求国际体育大赛的申办和举办，希望借此迅速提升城市知名度并获得巨大的经济利润，而对对外体育交流全面提升北京国际化大都市的发展和展示北京日新月异的国际新形象方面关注和研究不够，严重忽视了数量众多的中小型体育交流。对中小型体育交流在国际化城市建设中的作用及其本身所蕴藏的巨大商业价值缺乏必要的认识、了解和开发。

（二）管理体制政事不分

调查发现，北京市各个运动项目管理中心和各个体育协会既是北京市体育局的直属事业单位，又是协会的办事机构，兼具“官”和“民”的双重身份。这种复杂的、特殊的定位使各个体育协会在行使职权过程中很难协调“官”与“民”之间在利益上的冲突乃至矛盾。对外体育交流的主管部门习惯于用行政的方式来直接插手各个体育运动项目管理中心和各个体育协会的内部事务。这种做法违背市场原则，助长了各个体育运动项目管理中心和体育协会依赖行政命令的惰性，无法推动其积极主动地介入国际体育市场的竞争。

（三）政策法规不到位

调研发现，目前北京市对外体育交流所涉及实体和程序的法律、规章等规范文件效力等级跨度较大。随着近年来北京市中等规模或小范围的对外体育交流活动日益频繁，这些活动所需时间较短，其性质与内容可能与其他重大或大型体育外事活动有所差别。先前出台的法律法规不能被很好的适用，由此导致一些临时性的规章或规范性文件上台。这样的临时性文件很可能在比赛结束之后就会被废止，不再使用。如果能够将临时措施系统化、长期化、制度化，势必在一定程度上促进我国体育外事事业的发展，至少对举办国际性赛事相关的法律法规及规范性文件是一个有益的补充。

（四）各部门条块分割严重，缺乏有效合作

调查显示，北京对外体育交流的渠道涉及11个部门之多，但各部门之间条块分割严重，缺乏有效合作。在对外体育交流产业化方面没有形成产、官、学、研一条龙式的运作模式，不能资源共享，

优势互补。几十年计划经济模式使得对外体育交流的各部门、各行业以邻为壑，缺乏联合共担风险、合理分配利益的市场协调机制。

（五）来访多、出访少

调查发现，长期以来北京对外体育交流中存在着严重的不平衡现象，即来访活动多、出访活动少。事实上，体育交流意味着地域上的变化，即从 A 地到 B 地，甚至再到外地乃至更多地方，这就意味着由此产生巨额费用。即便是通过媒体或网络等形式进行体育交流，并不意味着不需要资金的支持。因为现代社会，国际体育赛事，尤其是重大的商业体育比赛往往是付费节目。显然，离开了资金支持的体育交流活动，无论是商业体育交流抑或非商业体育交流几乎寸步难行。

（六）整体发展不均衡

调查发现，北京市体育设施尤其是体育场馆的布局存在严重的不合理现象。北京市体育设施结构不合理，部分资源在对外体育交流中未能得到充分开发和利用，各体育场馆设施投资主体单一，政府负担较重。

（七）竞技体育水平不高

竞技体育交流不仅是北京体育水平提高与发展的有效方式和途径，而且是吸引中外企业踊跃参与举办商业体育赛事的强心针，更是发展北京体育产业的重要前提和基础。

四、对　策

（一）提高思想认识观念，转变政府职能，进一步改革和完善体育外事行政管理体制。

（二）由北京市政府及相关职能部门出面成立专门的对外体育交流机构，并建点相应的官方网站。

（三）制定与对外体育交流相关的科学规划和计划，建立对外体育交流发展的长效机制。

（四）建立完善的对外体育交流体系，积极采取“引进来，走出去”的发展战略，在国内外开展不同层次、不同规模、不同形式的体育交流活动，构建北京与世界各地特别是体育知名城市之间多元体育交流网络。

（五）发挥政府的宏观调控与示范、导向作用，大力推进对外体育交流产业化发展，定期举行招商引资洽谈会，建立信息咨询服务平台，及时公布交流合作项目。完善相关法律法规。重点开发商业体育交流项目，把商业体育表演不仅培育成为首都群众文化生活的主要内容之一，发展成为新时期北京体育文化的新亮点。

（六）成立专门的北京对外体育交流顾问委员会，顾问成员不仅限于北京和国内，还要聘请其他国家和地区的专家、学者、成功企业家以及国际体育组织和世界知名体育经纪公司的领导人等。

（七）整合地处北京的体育科研院所和高校的研究力量，建立北京对外体育交流研究中心。

（八）学习和借鉴国际体育知名城市的体育国际化发展理念，制定符合北京实际的对外体育交流评价体系。

（九）加快引进国外先进体育技术和训练经验的步伐，有目的地聘请国外著名教练来京执教并积极引进国际体育明星，不断拓展国际化视野，切实加强和提高北京竞技体育的实力和水平，为开展高层次的对外体育交流活动奠定坚实基础。

（十）研究国际体坛的发展现状和强势体育项目的世界分布格局，并根据不同国家和地区的不同文化心理特点和体育发展状况，针对性地制定出北京对外体育交流的发展对策。

（十一）从全面推进对外体育交流整体均衡发展的角度出发，合理布局，统筹规划全市体育场馆建设，不断缩小南北差距。

（十二）加强对外体育交流的宣传工作，及时向国际社会全面宣传和报道北京对外体育交流的历史、现状、发展趋势、人文和投资环境、场馆、著名赛事等，持续提升北京的国际影响和声誉。

（十三）成立北京体育外事高级人才培养基地，着重培养具有国际化视野的高级体育外事人才，尤其是国际体育赛事的策划、运作和管理人才。

第三部分　城市外交

第十五章　城市外交：理论争辩与实践特点

熊　炜　王　婕

第十六章　城市精神与城市对外交往　　陈雪飞

第十五章 城市外交：理论争辩与实践特点

熊 炜 王 婕*

党的十八大报告指出，世界多极化、经济全球化、文化多样化和社会信息化推动国际体系发生深刻复杂变化。当代外交日益呈现出多层次、全方位和立体化的新特点。同时对于中国外交而言，开展同各国政党和政治组织的友好往来，加强人大、政协、地方、民间团体的对外交流，是夯实国家关系发展社会基础的重要内容。在此背景下，一个值得关注的当代国际关系现象是以城市和地方为代表的次国家行为体变得更加开放并成为国际体系中的积极行动者和竞争者。在应对金融危机、气候变化、环境、流行病、移民等全球性问题的努力中，通过加强国际合作和跨国协调以提升城市竞争力

---

* 熊炜，外交学院外交学与外事管理系教授、北京对外交流与外事管理基地研究员；王婕，北京对外交流与外事管理研究基地学生助理。本文原载于《公共外交季刊》2013 年第 1 期，第 14—19 页。

和应对城市治理难题更成为各国城市的重要政策选择。与此同时，城市外交虽是一个在政治上颇为敏感和富有争议的概念，但却在学术界引起越来越多的关注。

一、城市外交：概念的兴起

城市外交指城市配合国家总体外交，在中央政府的授权和政策指导下参与国际交往的活动。事实上，城市参与国家外交活动这一现象本身并非新鲜事物，现代外交制度的建立就起源于意大利文艺复兴时期的城市外交。对于现代外交的发源地欧洲而言，在西方主权国家外交体系建立之前，城市是国际关系中对外交往活动的主体。而在 17 世纪威斯特伐利亚和会与 19 世纪维也纳和会确立了主权国家作为现代外交体系的最基本的行为体之后，城市在国际关系中的作用变得似乎无足轻重。然而，在全球化的冲击与推动之下，“本土化”却日益成为人们解决全球性问题和现代“城市病”的应对之策，城市外交、新型城镇化、城市治理等概念也就应运而生。荷兰国际关系研究所的学者普洛姆（Pluijm）和梅丽森（Melissen）针对城市外交所阐述的定义目前被广泛使用，他们认为：城市外交是城市或地方政府为了代表城市或地区和代表该地区的利益，在国际政治舞台上发展与其他行为体的关系的制度和过程。

在中文语境下，全国友协陈昊苏会长指出，“城市外交在总体外交的各个组成部分中占有独特的位置。它是一种半官方外交，相对于纯民间外交而言，它带有官方色彩；而相对于由中央政府推行的官方外交而言，它又带有接近民间的非官方色彩。”复旦大学苏长和教授等则提出地方外交的概念，认为应基于对外交的广义定义，可以将地方政府在中央政府政策指导下所从事的对外交往活动视为中国外交的一部分，此即为地方外交。以此看来，城市外交是一种地方外交，属于国家总体外交的重要组成部分，这一概念不仅包含了城市政府外事活动的基本内涵，而且在国家总体外交的大框架下，特别反映出城市国际交往活动主体多元和内容多样的特点。

从全球范围来看，城市外交实践的兴起有赖于世界政治变迁和各国国内政治演变的一系列结构性因素变化。在国际层面，国家权力开始向各个部门横向分散和向不同级别的地区垂直分散。经济全球化、地区主义和多样的跨国机制、跨境交流，使得国内国际事务的界线模糊，国家和次国家的地区之间的权力和责任划分有时也变得不甚分明。相比于过去的国际体系，国家如今已不再是处理国际事务唯一的行为体，各国地方政府同公司、工会、社会运动团体和跨国组织等一起共同在世界事务中发挥着积极的作用。

在国家层面，受经济全球化和社会信息化的影响，国家对自身领土内各种事务的管理能力降低。一些地方政府，尤其是那些拥有独特语言文化特点的地方政府要求获得更大程度的自治，不仅要求突出本地区的文化特性，而且希望实现自主管理地区内部的经济社会事务。而且通过参与城市外交，与外国国家和地方政府进行文化、经济等方面的交流，甚至有时可以促成地方政府政治诉求的实现。

二、西方学界针对城市外交的理论争辩

当代西方外交学理论研究存在着传统派、新兴派和革新派三种思想流派。传统派长期以来占据着外交学的正统，强调国家在外交当中的中心地位，传统学派的视角对理解职业化外交是极为重要的，然而在当代外交大环境下，新兴派尖锐地挑战着传统观点，新兴派认为“成功应对分歧、实现和平的外交专业知识并不仅仅存在于政府官员和外交机构当中”。新兴派外交强调一种平等的、网络化的和稳定的非国家行为体之间的关系。在综合上述两种观点的基础上，创新派外交思想则认为，国家和非国家行为体并非依据排他性的规则活动，他们主张通过一种连贯的、客观的方式去分析国家、非国家行为体之间的关系。革新派认为，现代的国家行为体与非国家行为体之间的外交关系并非对抗的，而是共生和相辅相成的，主张与其纠缠于国家和非国家的外交研究主体地位，不如“呼唤理论创新，避免旧有的模式和标签”。

针对城市外交，传统派认为，虽然城市和次国家政府的国际活动有所增加，但其数量和影响力均微不足道。例如，即便比利时赋予地方政府在对外政策方面以较大的自主权力，如在联邦政府的对

外政策的一致性得到保证的前提下，其地方政府能够与第三方签署条约，向外派驻代表，但经济、文化较为发达的佛兰德斯地方政府派出的代表的数量和比利时相比仍然非常小，仅仅具有象征性。次国家政府国际活动的增多并没有对国家的中心作用提出根本性挑战。

而且从法律地位的角度来说，城市缺乏参与外交的法律前提。各国宪法大多是在民族国家处于鼎盛时期的产物，宪法和宪法解释往往从国家中心主义的角度出发。反映在对外事务上，各国宪法一般把外交权的全部或绝大部分授予给中央政府。即使有少数几个国家允许其次国家政府行使少量的对外交往的权力，这些权力也受到中央政府的严格限制。一旦次国家政府的国际活动超越了中央可以忍受的限度，中央政府将可以采取行动加以有效的遏制。在国际法法律体系中，城市不具有国际法的法人资格。

然而，新兴派提出了“平行外交”理论，其肇端于“世界政治的两个世界（two worlds of world politics）”理论。这派学说认为，国家在一个以国家为中心的世界里活动，其他非国家行为体在另一个更多元的世界里活动。外交领域一共有两条轨道，一条轨道供主权国家的中央政府使用，另一条次要的轨道则由城市等其他次国家行为体使用。这派学者指出，尽管城市的外交行为具有偶发性，其数量和规模都无法与中央政府相比，但城市在国际事务中所发挥的作用却日益引起人们的注意。城市参与外交有内在动力和外部资源。城市利益、公民诉求和理想主义愿景构成城市参与外交的内在动力。在经济较为发达的地区，有的城市为了防止因冲突产生的难民的大量涌入，会参与到别的国家或地区的争端解决的工作中去；在20世纪80年代，由于公民运动的推动，英国和美国的一些城市参与到去核化运动中；而部分西方国家的城市在80年代支持南非的反种族隔离政策则是出于一种对特定价值观或理想的追求。城市拥有的资源和中央政府给予的自主权使得城市参与外交成为可能。僵化的官僚机构、财政预算体系和法律规定无法反映城市参与国际事务的动态发展趋势。比较近几年来大城市参与国际会议、国际交流的等外交事务的数据，新兴派认为，城市参与国际事务的规模和数量都在逐年增长，城市外交甚至正在慢慢演变成为一种国际习惯。

尽管平行外交在理论上看起来比较容易被接受，但其缺陷是对实际情况作了过分简单化和二元化的理解。革新派学者指出，城市外交与中央政府的外交活动其实是相辅相成的整体。城市不仅积极活跃在经济、文化、气候、人权，科技等低政治领域，推动非传统安全议题的发展，还能够在政府间关系冲突紧张、中央政府不方便出面的情况下，由地方政府填补合作的空缺。欧洲和加拿大的城市就曾在中东问题上起到了对中央政府外交的补充作用。欧洲国家无法和哈马斯政权达成合作，欧洲和加拿大城市则积极参与到与巴勒斯坦地区的对话，帮助该地区发展。海牙举办“巴以城市和平会议”，试图达成双方城市的谅解。

革新派认为，在全球化的影响下，国际问题与国内问题的界限常常变得模糊不清，外交议题的领域多有交织，而且不同层次的国内国际问题联系在一起，形成了一个在区域、国家、国际几个层次中的、包含国内、国际因素的持续政治、经济进程，构成一个多层次的外交环境。在世界外交舞台上，参与外交的主角随着议题、时机等要素的变化，也常常由国家、国际组织、城市乃至个人变换不停。在此背景下，当代外交理论研究正经历着深刻的范式转变，外交形式在传统的双边外交、多边外交的基础上增加了多形（polylateral）外交，其核心特征是国家与非国家行为体之间的互动日益频繁。城市由于兼具国家行为体和非国家行为体的双重特征，成为多形外交实践的纽带。

三、城市外交实践的特点

虽说在理论认识上存在着争议，但是城市外交概念在实践中的逐渐流行却反映出世界各国日益增多的对外交往诉求，体现出国家在外交领域的权力下放和官民互动的趋势。从世界外交史的发展趋势看，18、19世纪是王朝外交时代，20世纪是国家外交的时代，而21世纪则是人民外交的时代。城市外交的参与者既包括市长、市人民代表、各种市政委员会成员、公务员、顾问等官方色彩明显的人士，也包括人民友好团体、教育、体育、文化等民间机构的人员。它在实践中表现出一些鲜明的特点：

一是城市外交与国家总体外交之间是多样性的统一。虽说从严格的权力分配的角度来看，城市外交反映出当代外交权力纵向垂直分散的趋势，但在另一方面，城市外交却以地域文化特点、经济驱动性和方式灵活等特点有力地补充了国家外交。因此，成功的总体外交战略应是非常好地整合了城市外交与国家外交的全方位、多层次外交。如北京奥运会和上海世博会的成功举办不仅提升了北京、上海两座城市的城市形象和总体实力，也提高了中国在国际社会的形象和地位。

二是城市外交基本能够实现传统外交的主要功能。按照布尔对外交功能的论述，传统外交的基本功能包括国家间促进关系、增加交流、谈判协商、收集信息、解决冲突、代表等。而在一定意义上，城市外交也完全具有类似的功能，甚至从事城市外交的官员同国家的外交官在工作方式和内容上也有很多相似性，其最大的差别仅在于是否获得国家的授权以及享有外交人员的特权与豁免。

三是城市外交的形式包括双边、多边和多形等形式。城市外交的参与者代表城市在国际政治舞台上参与双边和多边的外交活动，双边城市外交是涉及两个参与者、其中至少有一个是城市的，为了实现某一方或双方的利益的外交过程；而多边城市外交是涉及两个以上代表自己城市的参与者的外交过程，特别针对参与多边国际组织等形式的城市外交。多形城市外交则指代表国家与官方的城市外交代表者与非官方行为体之间的互动。

四是城市外交富有开拓性，能够在一些试验性领域和敏感问题上有所作为。城市外交活动主要集中于文化、经济和城市治理等领域，议题灵活，形式多样，常常能够在总体外交的统一部署下以其官民并重的形式在新领域或敏感问题的解决上有所开拓。

在实践中，城市在进行对外交往活动中也存在着很多问题，如缺乏外交专业知识、资源和经验，在配合总体外交活动中力不从心，以及在国际社会上与其他行为体的互动会耗费城市大量的资源与财富、加重城市财政负担，与市民更关注民生与福利需求不一致等。

但总的来看，关于城市外交和城市参与全球治理的研究是当代外交与国际关系研究的新领域，我们需要以多元、多层和多形的视角看待城市外交，从不同的层次建立起对城市外交的分析框架，使之具有丰富的内涵。未来的研究议题包括评估城市对世界政治的影响、世界各地区城市外交的发展状况、中央和地方处理对外事务的互动模式以及城市外交得以运行的机制等问题。

第十六章　城市精神与城市对外交往

陈雪飞*

一、城市对外交往的兴起

在当前的全球体系中，国家虽然仍是主要的行为体，但已越来越受到其他国家及非国家主体的行为和政策等的影响。[①] 全球化的一大结果就是促进了国际关系向多个层次发展，将原本属于国家的权力一部分向上转移给一些跨国的政府组织，如联合国、欧盟；一部分向下转移给各级地方政府，[②] 即所谓国际政治领域中的次国家行为体，而城市是当今次国家行为体的典型。

---

* 陈雪飞，外交学院外交学与外事管理系副教授，现任外交学与外事管理系公共外交教研室主任。

① 参见星野昭吉：《全球化时代的世界政治》，北京：社会科学文献出版社2004年版。

② 陈志敏："全球多层治理中地方政府与国际组织的相互关系研究"，《国际观察》2008年第6期，第6—15页。

冷战结束以后，安全问题退居次位，经济问题成为全球发展的重心，跨国公司借机在全球迅速扩张，提升了作为资本扩张节点的城市的地位；另外，全球性问题不断涌现，不同地域人们之间的相互依赖不断加深，增加了城市参与国际活动的可能性；而且，在成熟的市民社会中，地方市政当局也必须主动拓展城市的国际联系，以满足市民不断增长的经济、社会、文化、教育等多重需要。上述多个因素令城市在国际关系中承担了越来越重要的角色。[①] 另一方面，作为国家对外交往的有益补充，以城市为代表的地方政府可以发挥国家难以发挥的作用，一些依靠国家关系难以解决的问题，可以依靠地方政府灵活、务实、有效的对外联系找到解决之道。[②] 在这一背景下，城市对外交往的影响力日益凸现。

在本研究中，城市对外交往主要是指城市为了满足本地发展的需要，与其他国家或其城市以及各种跨国组织开展的交往活动。一方面，城市对外交往是国家总体外交的重要组成部分，服从并服务于总体外交；另一方面，城市对外交往又强调为城市的发展服务，所以比较务实。通常，城市对外交往涉及的是国际政治和国际安全等“高（级）政治”领域之外的“低（级）政治”领域，如本地政制、经济、社会文化等方面。其主要形式包括：国际友好城市（国外又称之为姊妹城市），这是最显见、最普遍的形式[③]；城市间

---

① 杨勇：《全球化时代的中国城市外交》，暨南大学博士学位论文，2007 年 10 月，第 4 页。

② 陈志敏：《次国家政府与对外事务》，北京：长征出版社 2001 年版，第 172 页。

③ 据统计，中国自 1973 年开展友好城市活动以来，目前共有 30 个省、自治区、直辖市（不包括台湾省及港、澳特别行政区）和 391 个城市与五大洲 130 个国家的 422 个省（州、县、大区等）和 1307 个城市建立了 1871 对友好城市（省州）关系。

的国际组织，比如目前影响最大的“地方政府国际联盟”（成立于1913 年，2004 年 5 月，该组织与联合城镇组织合并组成新的地方政府国际组织，即“联合城市和地方政府世界组织”）；以及城市的对外直接交往，比如举办国际会议、在海外设立常驻代表处等。①

城市对外交往一方面有益于提高该城市对外交流的效益，提升其国际知名度和影响力。主要途径有三：其一，治理经验的互鉴。韩国首尔曾向东京派出考察团学习其市政管理经验，日本东京都与欧美发达国家交往也以学习、引进先进技术为主。东京都的城市建设很大程度上是以友好城市纽约为蓝本的。其二，文化教育的互通。东京都与亚洲及拉美的友好城市之间就偏重文化交流。第三，经济发展的互助。“亚洲大都市网络 21”每年定期召开，讨论一些重大课题，还在城市自来水管理经营和公共交通设施规划方面相互支援。②另一方面通过城市的对外直接交往可以有效提升城市的国际知名度和影响力。比如奥运会对提升北京形象，世博会对提升上海形象，国际园艺博览会对提升台湾形象等所发挥的作用。

二、城市精神对城市对外交往的影响

一座城市的对外交往受区域经济地位、交通位置、自然资源等

① 龚铁鹰：“国际关系视野中的城市——地位、功能及政治走向”，《世界经济与政治》2004 年第 8 期，第 37—42 页。

② 周萍萍：“日本东京都城市外交的特点——以友好城市交流为例”，《太平洋学报》2010 年第 18 卷 8 期，第 49—57 页。

条件制约，可谓城市对外交往的“地利”因素；除此之外，还受到当地文化传统、市民社会的成熟度和活跃度等条件影响，可谓城市对外交往的“人和”因素。城市较难左右“地利”因素；但“人和”因素往往是可控的，其正体现为一座城市所具有的精神。

城市精神是以城市为依托，以城市公共组织和居民为载体的群体认同感、反映共同价值取向和共同意志的一种城市意识形态。[①]城市精神一旦形成，就以共同的价值取向规范人们的行为，在全社会形成共同的理想和精神支柱，营造良好的社会风气。[②]城市精神对内有凝聚、激励和导向作用；对外有助于树立城市形象，培养城市的软实力。积极的城市精神可以为一座城市的对外交往提供了良好的内部环境，有效凝聚民众的情感与责任感。这与城市所依托的国家的国际舆论环境内外呼应，内部环境是获得良好外部环境的基础，外部环境为形成良好的内部环境提供各种支持。

城市精神的凝聚离不开城市的有效治理。正如一国内政是其外交的前提一样，一座城市的“内政”同样是其对外交往活动的前提，它直接关涉其能否为市民提供物质生活和价值理念等吸引力，从而赢得市民的认同。若非如此，城市的对外交往势必失去坚实的基础，并会间接影响城市对外交往的非物质诉求，即城市的美誉度或国际形象——这是城市参与国际社会协作的重要条件。新德里与里约热内卢就是因为城市治理失当，而在城市对外交往活动中陷入

① 郭晓君等：《城市文化竞争力问题研究》，北京：中国人事出版社 2005 年版，第 140 页。

② 刘世军：“城市精神及其上海传统之再确认”，《文汇报》2003 年 2 月 8 日。

窘境。

三、失败的教训

新德里的贫民窟问题

提到印度，很难不让人联想到“贫民窟”。2009 年奥斯卡最佳影片《贫民窟的百万富翁》向我们展现了印度城市的典型形象。虽然故事以孟买为背景，但却具有相当大的代表性，印度的贫民窟可谓“世界闻名”，几乎成了印度一些主要城市形象的缩影。官方数据显示，印度约有 8 亿人口仍在每天 50 美分的贫困线上挣扎，而最富有的 10%占有了 33%—50%的国民财富。[①] 印度的基尼系数早就超过了 0.4 的警戒线（2004—2005 年印度城市基尼系数 0.43）。作为印度首都的新德里虽然整体状况好于印度的平均水平，但同样难逃“贫富极化”的危局。

新德里的人口在全世界排名第八。一方面，新德里有华丽的总统府、壮观的议会大厦、繁华的拉姆斯广场、光鲜四射的安普里奥商场（Emporio Mall）——该商场拥有金碧辉煌的屋顶、极具异域

---

① “Delhi per capita income doubles to Rs 1. 16 lakh in 6 yrs”, *Business Standard*, Nov 10, 2011, http：//www. business-standard. com/india/news/delhi-per-capita-income-doubles-to-rs－116－lakh-in－6－yrs/455032/.

风情的喷泉，商场外的安保人员有效得将穷困人群阻于门外，从拥挤喧嚣的街道进入这个用空调打造的小天堂需要花费5美元，这差不多是印度十多亿人口中80%的人一个星期的收入，这让我们见证了“印度首个奢侈商场变身成为印度经济‘种族隔离’符号”的过程，同时显示了印度贫富人群鸿沟的进一步加深。另一方面，除了市中心以外，随处可见帆布、油布搭建的棚户区。在新德里，较大规模的贫民窟有6处，据统计约有三分之一的人口仍生活在贫民窟中。他们的主要居所就是棚户。在那里，厕所是露天的，人们甚至把街道拐角当作公厕，露天下水道里的污水散发着恶臭，孩子们光着脚在垃圾堆里跑来跑去。除此之外，新德里还在遭受严重的污染，包括路尘、工业、汽车尾气、无法处理的固体垃圾、噪音等，已严重危及当地人的生存健康。由于环境污染，新德里每年约有10000人“英年早逝”。[①]

外来移民是构成城市贫困人口的重要部分，在发展中国家外来移民主要指涌入城市的农村移民。根据2009—2010年的统计，农业生产只占德里GDP的0.6%。农业生产的低附加值推动印度人向城市大迁徙。在新德里，每天都有大量人口从贫瘠的农村涌入城市。他们通常就聚居在以棚户为标志的贫民窟。这里的人群深受“贫困

① Faiz, A., P. J. Sturm, “New Directions: Air Pollution and Road Traffic in Developing Countries”. In Jill Austin, Peter Brimblecombe, William Sturges. *Air pollution science for the 21st century*. Elsevier, 2002. pp. 241-244.

文化"[①] 的影响，再得不到政府的充分援助，很可能陷入无穷的贫困循环之中。

印度城市的贫困问题很大程度上是城市化的副产品，这也是很多国家都面临的难题。而新德里的这一问题以及对该问题的治理"乏术"已经极大地影响了其内部的凝聚力以及对外的美誉度。

2009 年，为了美化市容迎接英联邦运动会，印度新德里市拆毁了政府用地上的大量棚户区建筑，成百上千人无家可归，只能露天过夜。[②] 印度非政府组织桑茶尔基金会哈查德中心的罗伊表示，这样的"强拆"很可能导致暴力。紧接着 2010 年，政府为了修建高速公路而进行大面积征地，上万失地农民聚集新德里，封锁了通往新德里的数条交通要道，通往国会大厦的主要道路全部瘫痪。印度总理辛格已深刻地意识到这些活动的危险性，他直言，日益悬殊的贫富差距是国家的不稳定因素，亟待解决。

内部的不稳定因素会直接作用于一个城市的对外交往。比如印度新德里在申办 2014 年亚运会时惜败韩国仁川，就是最直接的例证。包括印度体联部长在内，一些参与投票的国家亦认为，除了污染和交通拥堵等问题，市政府的钱应该首先用于改善穷人的生活设施。

---

① 奥斯卡·刘易斯认为"贫困文化"（Poverty Culture）指的是一套穷人具有的规范和价值观。其特点包括屈从意识、不愿意规划未来、没有实现理想的能力以及怀疑权威，像任何一个文化传统一样，贫困文化能使自身永久存在，从而使贫困者及其家庭陷入贫困的恶性循环之中（Lewis O.，The Culture of Poverty. *Scientific American*，1966，p. 219）。

② "India razes slums, leaves poor homeless"，CNN. com/asia，January 14，2009，http：//edition. cnn. com/2009/WORLD/asiapcf/01/14/india. slums/index. html.

里约热内卢的暴力问题

与新德里一样，里约热内卢同样深受贫民窟问题的困扰，今天的里约是全球贫民窟最多的城市。那密密匝匝的“贫民火柴盒”通常傍山而建，所以乍看上去有一种贫民窟堆积如山的感觉。它们与风景如画的海滩、富丽堂皇的饭店形成鲜明的对比。也许因为深受宗教和种姓制度的影响，印度人更可能安于贫困，可里约的贫民窟则需要处理一个似乎比贫穷更挠头的衍生问题——“暴力”。

里约的确是一个矛盾之所。一说起里约热内卢，估计多数人会想到两种极端的形象：热情与暴力。而后一种形象在贫民窟中又被极度放大。著名电影《上帝之城》就再现了里约贫民窟中混乱与凶险的真实场景。毒枭们在贫民窟划分管辖区，他们有自己的“章法”，可以随意处置可疑之人。要想进入贫民窟，必须事先征得各地界老大的同意，否则就可能凶多吉少。连治安警察对此都望而却步。贫民窟的男孩子在十二三岁就开始荷枪贩毒。年轻人很容易死于非命。贫民窟中的“罪恶”还有很强的向外辐射性。在里约的旅游胜地和市中心，游客每年被抢、被盗的案件高达3000多，而破案率仅为1%，每天都有人成为枪下冤魂。警方与黑帮之间的武装冲突时有发生。里约的贫民窟之所以成为暴力犯罪的载体，很大程度上与政府在城市化过程中疏于对其进行经济管理与社会控制所致。同时又因为社会分配不公的问题与贫富悬殊的问题不断加剧，为黑帮用不义之财在贫民窟笼络人心创造了条件。[①]

暴力问题极大地影响了里约的国际形象，直接削弱了里约旅游业的竞争力。里约在申办 2016 年奥运会的过程中，也深受治安问题的困扰。尽管里约最后险象环生赢得了第 31 届奥运会的举办权（不排除投票国家有对从未举办过奥运会的拉美国家的情感倾斜），但里约频发的暴力事件，让不少人对里约是否能在 2016 年奥运会举办前整顿好治安，以确保运动员和游客的安全表示质疑。甚至有运动员已经对是否赴里约参加奥运会表示了疑虑。2009 年，国际奥委会执行主任费利也表示，国际奥委会将在未来七年内密切关注 2016 年奥运会举办地里约热内卢的治安问题。

新德里与里约的教训告诉我们，城市治理的现状是城市对外交往的基础，它直接影响着城市是否可以形成凝聚市民的向心力，是否可以塑造良好的国际声誉；而这一切都离不开城市有效的内部治理，特别是能否满足市民对经济与安全的需求。

四、成功的经验

有良好精神支撑的城市，必将展现出鲜活的生命力，吸引全球观众的目光。所以一座智慧的城市除了有较好的市政，还应懂得如

① 沈孝辉："激情、浪漫与恐怖之城——游里约热内卢，读巴西与巴西人"，《人与生物圈》2007 年第 4 期，第 26—41 页。

何准确提炼其独特的城市精神，以及如何积极维护和有效传播。城市精神就像一座城市的品牌，它融入城市的管理和经营理念之中，可以激发更大的想象力和创造力。比如阿姆斯特丹人引以为豪的“I am sterdam”，“华盛顿，美国人的体验”（Washington，the American experience），“帆船之都奥克兰（Auckland，city of sails）”，“约翰内斯堡，非洲的世界级城市（Johannesburg，A world class African city）”。努力为自己的城市赋予一个有价值的品牌，有助于塑造积极的国际形象，从而达到更好的经济和社会效应。纽约和新加坡在这一点上为我们提供了颇有助益的经验。

多元的纽约

纽约不仅是外国人眼中的国际大都市，纽约人也甚为他们多元的文化、高度的融合力而自豪。

纽约被公认为是最能体现美国精神的城市，那高耸在纽约哈德逊河口的贝德洛岛上的自由女神，是美国精神的象征，也是纽约城市精神的象征。这种自由精神很大程度上体现为纽约对于多元文化的包容性。纽约一直是美国城市中移民人口最多，移民来源最广的城市。它以其海纳百川的胸襟迎接着来自世界各地的人们，由此带来多元的文化、习俗、宗教，打造出一个多姿多彩的纽约。

美国的移民政策被称为“大熔炉”，该政策因忽视文化多样性而颇受指责，但纽约对多元文化的尊崇可以称之为“马赛克”，大家虽拼接在一起，但可以保持自身的底色。纽约有超过230个种族，120个国家和115种语言，各个种族往往聚集而居组成自己的小社区。纽约市有800多个社区，很多都有族裔背景，比如中国城、日本城、意大利区、希腊街、小印度等。这些有共同族裔背景的社区，经常举行民族节庆活动。这类活动，被称为街坊节，是纽约“文化之都”的重要特色。每一个外来民族都可以在这里找到展示自家文化的舞台。这些活动都是民间活动，既是纽约人多元文化的体现，也是纽约自治参与精神的体现。

此外，纽约每年都要举办民族文化节，比如亚裔文化节、拉美裔文化节，甚至举办各种种族文化周和文化月活动，以期维护这种文化上的多元性。在公共设施上，纽约也注重为多民族人口提供便利，比如图书馆会提供多语种服务；博物馆包括了黑人文化、亚洲文化、犹太文化等。纽约的社区发展是基于邻里进行的规划。社区居民可以参与从社区规划到社区各项具体事务的活动，这些活动能深入社区之中，包括那些低收入社区和非白人社区，广涉住房、环境、公众健康及社区服务等方方面面。[①]

纽约市多元共融的特质为其赢得了良好的国际声誉。作为全球商业经贸的重心、全世界最重要的金融中心，许多大型企业都在纽约市设立总部，财富500强中就有45家公司总部位于该市。纽约与其他美国大城市相比，拥有较高比例的外国公司，平均每十个工作之中就会有一个是外国公司的工作。作为一直排名首位的世界城

---

① 奚洁人等：《世界城市精神文化论》，上海：学林出版社2010年版，第70—104页。

市，纽约在招商引资和吸引游客方面成绩斐然。同时，作为联合国总部的驻地，又为纽约的对外交往提供了得天独厚的条件。

开放的新加坡

新加坡比较特殊。新加坡是个国家，因此用以讨论城市对外交往貌似不妥，不过众所周知，新加坡是个城市国家，在很大程度上仍在我们探讨的范畴之内。

花园之城新加坡，作为一个没有资源的岛国，在经济和社会发展方面能取得举世瞩目的成就，离不开开放、兼容的新加坡精神。新加坡获得成功的一个关键因素是她比绝大多数国家更早认识到经济全球化的重要性。在战后反殖民主义以及冷战背景下，更多国家抵制甚至敌视全球化，排斥外国公司。但新加坡却坚持通过吸引跨国公司投资来帮助自己实现工业化，通过利用国际人才来弥补本身人才匮乏的短板；并且利用国际环境来拓展国内市场。正是这种开放的姿态，令新加坡经济在短期内迅速提升。

不过，在社会和文化价值观方面，新加坡政府对全球化却持保留态度，认为西方的经济现代化社会成本太高，因此主张维持亚洲自己的文化和价值观。20 世纪 80 年代，新加坡在华人中提倡儒家价值观，强调家庭的重要性；20 世纪 90 年代又提倡更具包容性的亚洲价值观，希望以此维护各个种族文化的和谐。

总之，新加坡在处理经济全球化和文化价值本土化方面，展现了与众不同的思路。新加坡政府有效驾驭了各种压力和张力，坚持走自己的路。几十年来，新加坡的经济发展成就斐然，社会发展也相当成功。新加坡的家庭收入一直稳步增长，失业率也保持着极低水平。2008 年，82%的新加坡人住在政府组屋之中，其中 95%拥有他们居住的组屋，这真正实现了“居者有其屋”的理想。加上新加坡高效、廉洁的形象，令其在国际上享有极好的声誉，其发展模式也呈现出很强的吸引力。[①] 比如我国早在 1978 年邓小平出访新加坡时就表现出借鉴新加坡经验的浓厚兴趣，当时主要学习其改革开放的经验。之后，从 20 世纪 90 年代开始，我们开始系统学习新加坡的社会治理经验，“中国市长班”就是这个时候启动的。我国广泛实践的公积金制度正是这一阶段学习新加坡的成果。21 世纪以来，新加坡又尝试向东盟国家推广自己的治理模式，这一举措不仅为新加坡开拓了新的国际商机，也打造了新加坡在国际关系及国际经济发展中可信赖伙伴的形象。[②]

五、结 语

全球化促进了国际行为体的多层化趋势，在这一背景下，作为

① 参见黄朝翰，赵力涛：《新加坡社会发展经验》，新加坡：八方文化创作室 2009 年版，第 1—8 页。

② 陈雪飞：“新加坡公共外交内引模式”，《公共外交季刊》2011 年第 7 期，第 98—104 页。

次国家行为体典型代表的城市，作用越来越重要。一方面作为国家外交的有益补充，另一方面有的放矢地致力于满足城市本身的经济与社会发展等需要。而一座城市对外交往活动的有效性有赖于其城市精神对内的凝聚力和对外的吸引力。这特别体现在城市的内部治理和对城市精神的培养。一座治理失灵的城市，无法获得市民的认同，自然很难发展出凝聚民心的城市精神。良性治理是培育城市精神的沃土，而准确提炼与精心培护是城市精神生根发芽的养料。这样才能让城市对外交往获得较好的效果。

图书在版编目（CIP）数据

中国外交与北京对外交流研究报告.2014/北京对外交流与外事管理研究基地编.—北京：世界知识出版社，2016.9

ISBN 978-7-5012-5288-6

Ⅰ.①中… Ⅱ.①北… Ⅲ.①外事管理—研究报告—北京—2014 Ⅳ.①D827.1

中国版本图书馆 CIP 数据核字(2016)第 201905 号

责任编辑　刘豫徽
责任出版　赵　玥
责任校对　陈可望

书　　名　中国外交与北京对外交流研究报告 2014
Zhongguo Waijiao yu Beijing Duiwai Jiaoliu Yanjiu Baogao 2014
编　　者　北京对外交流与外事管理研究基地

出版发行　世界知识出版社
地址邮编　北京市东城区干面胡同 51 号（100010）
经　　销　新华书店
网　　址　www. ishizhi. cn
投稿信箱　lyhbbi@ 163. com
印　　刷　北京京华虎彩印刷有限公司
开本印张　720×1020 毫米　1/16　18¾印张
字　　数　190 千字
版次印次　2016 年 9 月第一版　2016 年 9 月第一次印刷
标准书号　ISBN 978-7-5012-5288-6
定　　价　45.00 元